INHALT

DAS MÜHLVIERTEL

Es zu beschreiben, ist seit Adalbert Stifter nahezu unmöglich geworden. Zu klarsichtig und präzis, zu kunstvoll und treffend sind seine literarischen Schilderungen des Mühlviertels, als daß irgendein sprachliches Bemühen daran heranreichen könnte. Betrachten wir das Mühlviertel zunächst also sachlich und unpoetisch. Es ist jener Teil Oberösterreichs, der nördlich der Donau gelegen ist und im Westen vom Bayerischen Wald, im Norden vom tschechischen Teil des Böhmerwalds und im Osten vom niederösterreichischen Waldviertel begrenzt wird. Geologisch betrachtet, ist das Mühlviertel eine eigene, vom übrigen Bundesland völlig unabhängige Gesteinsformation. Der Granitstock, der dem Viertel seine unverwechselbare landschaftliche Ausprägung verleiht, zählt zu den ältesten Gebirgen Europas und ist Teil jenes „Variskischen Gebirges", das im Schwarzwald beginnt und sich über Odenwald, Spessart und Fichtelgebirge bis zum Bayerischen Wald und schließlich dem Böhmerwald erstreckt, wo es zur Donau hin abfällt.

Landschaftlich gesehen, ist das Mühlviertel ein kunstvolles Patchwork aus vielerlei verschiedenen Tälern, Waldzungen, Hügelketten, Äckern und Wiesen, Steinzonen und Moorlandschaften. Das alte Rumpfschollengebirge wird von zahlreichen Bächen und Flüssen zur Donau hin entwässert. Manche von ihnen haben jenen rötlich-braunen Farbton, der auf eine starke Eisenhaltigkeit des Wassers schließen läßt. Noch im frühen Mittelalter war das Mühlviertel fast ausschließlich von dichten Urwäldern bedeckt. Die Besiedlung des „Böhmerwaldstifts" in Schlägl – zunächst durch Zisterzienser und später durch Prämonstratensermönche des frühen 13. Jahrhunderts – leitete eine umfangreiche Rodung und Urbarmachung des gesamten Nordwaldgebiets ein. Heute noch sind die einzelnen Rodungsstufen des Mühlviertels – die alte Blockflur, die durch planmäßige Feldteilung entstandene Gewannflur und die durch gezielte Rodung im Spätmittelalter entstandene Einödblockflur – klar erkennbar.

Geographisch betrachtet, gibt es ein oberes und ein unteres Mühlviertel, das durch die Talnaht des Haselgrabens getrennt wird. Eine andere, weniger populäre Einteilung kennt ein Oberes, ein Mittleres und ein Unteres Mühlviertel, wobei die Grenzen jeweils mit dem Lauf der Großen Mühl, der Feldaist und der Gusen identisch sind. Die politische Gliederung teilt das Mühlviertel in die Bezirke Freistadt, Rohrbach, Perg und Urfahr-Umgebung ein.

Aus historischer Sicht war das Mühlviertel nicht immer ein einziges Viertel, sondern teilte sich ins eigentliche Mühlviertel und in das mit dem heutigen Unteren Mühlviertel identische Machlandviertel. Erst als Oberösterreich 1779 nach dem Bayerischen Erbfolgekrieg auch das Innviertel annektierte, besaß das Bundesland plötzlich fünf Viertel – und legte Mühl- und Machlandviertel zusammen.

Wirtschaftlich erlangten die Städte und Märkte des

Mühlviertels ihre Bedeutung einst vor allem dadurch, daß viele davon an der alten Eisenstraße Lorch–Mauthausen–Wartberg–Lasberg–Freistadt–Budweis und somit an einer der wichtigsten europäischen Nord-Süd-Routen lagen, die erst in unserem Jahrhundert durch den Eisernen Vorhang „gekappt" wurde, was dem Mühlviertel gewiß auch wirtschaftliche Nachteile brachte.

In ökonomischer Hinsicht kann das Mühlviertel seine bäuerliche Struktur bis heute nicht verleugnen, auch wenn nach dem Zweiten Weltkrieg eine strukturverändernde Landflucht in die Industrieregionen um Linz und Wels einsetzte.
Vom Standpunkt des interessierten Besuchers aus ist das Mühlviertel hingegen vor allem eines: wirklich sehenswert.

Blick von Afiesl nach Süden

STÄDTE UND MÄRKTE

Freistadt – das Mühlviertler Rothenburg

Die Stammtischrunde, die sich allabendlich im uralten Stadtgasthof „Zum Hirschen" trifft, nennt sich „die Dämmerer", weil die ersten Gäste stets zur Dämmerstunde eintreffen. Kaum ein Name würde freilich besser dazu passen. Denn Freistadt ist – nicht nur vom Stammtisch aus betrachtet – ein Städtchen, das in einem durchaus produktiven Dornröschenschlaf dahindämmert. Wer eine Stadt sucht, in der vieles noch so erhalten geblieben ist wie einst, vom alten Kopfsteinpflaster bis zu den engen, mittelalterlichen Gäßchen und den schönen alten Fassaden, der wird in Freistadt gewiß fündig werden. Selbstverständlich ist Freistadt geschäftig und – man

Freistadt. Linzer Tor (1483–1485)

denke nur an die Markttage – alles andere als verschlafen. Dennoch wird man kaum anderswo diese Allgegenwart von Vergangenheit so nachhaltig spüren wie hier, wo sich hinter jeder zweiten Hausfassade noch ein gotischer Kern mit alten Gewölben befindet, und wo die alte Befestigungsanlage noch weitgehend intakt erhalten geblieben ist. Wasser wird man indessen keines mehr im Burggraben finden. Und die scheinbare Trutzigkeit des massiven Linzer- und des nach Norden gerichteten Böhmertors hält heute keine Feinde mehr ab, sondern lockt lediglich zahlreiche Besucher aus nah und fern an.

Einen Stadtbummel durch Freistadt wird man gewiß am Hauptplatz beginnen, der sich mit seinen Gegenstücken in Linz und Budweis, zwar vielleicht nicht was die Größe, aber was die Schönheit betrifft, durchaus messen kann.

Der Weg führt weiter ins alte Katharinenmünster, das um 1270 erbaut wurde und eine architektonische Rarität von hohem kunstgeschichtlichem Wert darstellt. Handelt es sich doch um die einzige fünfschiffige Basilika in ganz Österreich.

Unübersehbar wie der Kirchturm mit seinem schönen barocken Zwiebelhelm ist auch der durch seine starre, unnahbare Schlichtheit bestechende Bergfried des Freistädter Schlosses, der noch aus dem 14. Jahrhundert stammt und das Kernstück der umfangreichen Schloßanlage darstellt. Der von Rudolf dem Stifter erbaute Turm wird nicht nur von jenen gern bestiegen, die vom Söller aus das eindrucksvolle Mühlviertler Panorama genießen wollen, sondern ist auch ein Muß-Ziel aller kulturhistorisch interessierten Besucher: Birgt das hier untergebrachte „Mühlviertler Heimathaus" doch bedeutende volkskundliche Schätze, die weit über die Region hinaus Bedeutung erlangt haben.

Stolz des Museums ist die umfassende Dokumentation von Hinterglasmalerei, vor allem aus dem nahen *Sandl*, das als eines der europäischen Zentren dieser Art von unverfälschter und originärer Volkskunst gilt. Tausende Bilder spannen einen geschichtlichen Bogen von auf Glas gemalten Bildzeugnissen aus dem Jahre 1770 bis herauf in die dreißiger Jahre unseres Jahrhunderts.

Viel Raum wurde auch dem einstigen Zunft- und Handwerksleben dieses alten Städtchens gewidmet. Ein 400 Jahre alter Zunfthumpen erinnert an die Vorfahren der heutigen „Dämmerer", die sich den in der Freistädter Brau-Commune (der einzigen heute noch existierenden Nachfolgerin mittelalterlicher „Reihenbrauer") gebrauten Gerstensaft wie eh und je schmecken lassen.

Einen umfassenden Einblick vermittelt das Museum auch in die barocke Volksfrömmigkeit und in die rauhe Rechtspflege unserer Ahnen, an die schaurige Dokumente wie Schandgeige und Halseisen erinnern.

Wesentlich idyllischer sind da die auf liebenswerte Weise versponnenen Bilder des Malers Carl Kronberger, der auch als „Mühlviertler Spitzweg" bezeichnet wird. Und wo anders sollte ein solcher „Spitzweg" gelebt haben als in einem „oberösterreichischen Rothenburg". Denn so wird Freistadt wegen seiner bewundernswerten Gabe, seine ureigenste Schönheit auch an der Wende zum dritten Jahrtausend zu bewahren, bis heute genannt.

Freistadt. Pfarrkirche Zur hl. Katharina (urk. 1267) und „Pfefferbüchslturm" (Mitte 15. Jh.)

Freistadt. Bergfried (1363–1397) des ehemaligen landesfürstlichen Schlosses vom Hauptplatz gesehen

Blick auf Grein und Greinburg (1488–1593) vom südlichen Donauufer

Grein – am Sperrsitz der Geschichte

Wenn die Donauschiffer vergangener Jahrhunderte das Städtchen Grein am Ufer auftauchen sahen, so pflegten sie sich zu bekreuzigen. Hier begann nämlich der durch seine Wirbel und Stromschnellen berüchtigste Flußabschnitt der Donau, der im Laufe der Zeit viele Menschenleben gekostet hatte. Heute macht das Donaustädtchen, das sich harmonisch an die Uferböschung schmiegt, alles andere als den Eindruck, ein „Hort des Todes" zu sein. An diese Zeit erinnert nur mehr das Schiffahrtsmuseum auf der Greinburg (siehe „Burgen und Schlösser").

Die Burg thront über der Stadt wie ein aristokratischer Baldachin, in dessen Schutz sich die zahlreichen alten Bürgerhäuser aus dem 16. und 17. Jahrhundert begeben haben. Denn Grein, das schon im

Stadtwappen von Grein. Illustration im Greiner Marktbuch. Um 1490

Ein bemerkenswertes „Hintertürl" hat auch das Greiner Stadttheater. Es handelt sich dabei um jene Öffnung, die direkt in den benachbarten Gemeindekotter führt, von dem aus die Gefangenen den Kunstgenuß einst durch ein Guckloch mitverfolgen durften. Kulturpolitik anno dazumal.

Heute hat der Kotter längst ausgedient, das Stadttheater wird hingegen immer noch bespielt – und ist auch außerhalb der Aufführungszeiten durchaus sehenswert. Der im Rokokostil 1791 erbaute Musentempel ist mit seinen 186 Sitzplätzen nämlich das kleinste (weltliche) Theater Österreichs. Und hat außerdem Theatergeschichte geschrieben: Sowohl Johann Nestroy als auch Paula Wessely „vertraten" sich hier ihre Beine auf den „Brettern, die die Welt bedeuten".

Greinburg. Oberösterreichisches Schiffahrtsmuseum

Jahre 1379 von den Babenbergerherzögen alle Marktprivilegien und 1468 das Stadtwappen erhalten hat, ist ein durch und durch bürgerliches Städtchen. Der quadratische Stadtplatz atmet jahrhundertelange Beschaulichkeit, die aber im Laufe der Historie immer wieder durch ganz und gar unbeschauliche Anlässe unterbrochen wurde: Etwa durch die vollständige Zerstörung Greins durch böhmische Truppen im Jahr 1476. Oder durch die schaurige Begebenheit, die sich 1600 im Turmdurchgang der Ägidiuskirche ereignete. Weil an der Schwelle zum Gotteshaus ein brutaler Mord verübt worden war, wurde der Haupteingang der Kirche, um die Schande zu verdecken, kurzerhand zugemauert. Deswegen betritt man die Kirche mit dem schönen Kreuzrippengewölbe und dem Hochaltarbild von Bartolomeo Altomonte (1749) heute durch den ursprünglichen Nebeneingang.

Perger Präludium

Die jüngste Stadt des Mühlviertels – die Stadterhebung fand erst 1969 statt – ist in die Musikgeschichte eingegangen. Gewiß, es ist keine große Mozartsymphonie nach Perg benannt, und Perg diente auch nicht als Vorbild für einen Mahlerschen Klangteppich. Es ist ein ganz „schlichtes" – von Kennern indessen sehr geschätztes – Präludium, das Anton Bruckner dem einstigen Marktflecken gewidmet hat, genauer gesagt dessen Bürger Diernhofer, einem Schöngeist und großen Förderer der Künste. Vielleicht hat es seinen Grund, daß Bruckner ausgerechnet die Form eines musikalischen Kleinods wählte, um Perg mit Noten zu beschreiben. Denn alles Gewaltige und Titanische ist diesem Städtchen fremd. Behutsam liegt es zwischen sanften Bodenwellen eingebettet am Rand des fruchtbaren Machlands. Der hübsche Hauptplatz hat noch vieles von seinem historischen Antlitz bewahrt. Zum Beispiel die barockisierte Fassade des alten Seifensiederhauses aus dem Jahr 1563. Oder den achteckigen Marktbrunnen aus dcm 17. Jahrhundert. Oder den Pranger aus dem Jahre 1583.

Auch der Turm der gotischen Jakobskirche trägt unter seinem Zeltdach die bemerkenswerte Jahreszahl 1528. Der Chor im Inneren der Kirche sowie das kunstvoll verästelte Sternrippengewölbe sind sogar noch älter und gehen bis auf das Jahr 1416 zurück. Mindestens so alt dürfte eine andere Rarität sein, die man an einem Abhang des Dollberges im sogenannten „Stephanienhain" findet. Dort ist bis heute ein unterirdischer Erdstall – die sogenannte „Ratgöbluck'n" – erhalten geblieben, ein Zufluchtsort aus vergangenen Tagen, der von Perg aus ebenso durch unterirdische Gänge erreichbar war wie von der nahen Burg Mitterberg aus, die längst zur Ruine verfallen, aber immer noch einen der zahlreichen hübschen Spaziergänge wert ist, für die rund um Perg jede Menge Möglichkeiten bestehen.

Lohnende Ausflugsziele in der unmittelbaren Umgebung des Städtchens sind auch eine Kalvarienbergkapelle aus dem Jahre 1754 sowie eine Kapelle „Zur Schwarzen Muttergottes", die an die Zeit erinnert, als Perg eine beliebte Raststätte auf der internationalen Wallfahrtsroute jener „Jakobspilger" war, die vom polnischen Tschenstochau zum Grab des Heiligen Jakob ins spanische Santiago de Compostela eine Bußreise machten. Rund um Perg befinden sich schließlich auch jene Steinbrüche, die dem Markt einst seinen Wohlstand sicherten und ihn zu einem Zentrum des „Mühlsteinbrecherhandwerks" machten. An diese Zeiten erinnern noch das private „Hausmuseum" beim „Rößlwirt" sowie das etwas außerhalb liegendc „Stcinbrcchcrhäusl". Dort, wo sich die Ebene zum Naarntal verengt, findet man auch die Grundlage der jahrhundertelangen Perger Handwerksgeschichte: die in ihrem bizarren Formenreichtum heute noch sehenswerten Mühlstein- und Granitsteinbrüche.

Oben: Perg. Pfarrkirche Zum hl. Jakob d. Ä. (15. Jh.), im Hintergrund die Kalvarienbergkapelle (1754)

Unten: Perg. Barockes Bürgerhaus am Hauptplatz

Rohrbach. Marktwappen am Gemeindehaus

Rohrbach. Dreifaltigkeitssäule (1743) auf dem Marktplatz

Rohrbach – der „ewige Wochenmarkt"

Wenn ein Marktplatz stolze 90 mal 110 Meter mißt, so muß das schon seinen Grund haben. Immerhin war Rohrbach, das einst an der Kreuzung zweier wichtiger Handelsstraßen lag, schon 1459 von Erzherzog Albrecht VI. zum „ewigen Wochenmarkt" erklärt worden. Hier wurde mit Leinen, Hopfen, Vieh und vor allem auch Salz gehandelt. Gaukler, Musikanten und Wanderhändler machten Station. An das Marktleben von einst erinnern heute noch einige schöne alte Bürgerhäuser, etwa das berühmte „Pöschlhaus" mit seinen wegen ihrer ausgefallenen (geometrischen) Form bemerkenswerten „Geigenkastenfenstern". Obwohl das Marktleben in Rohrbach mittlerweile etwas stiller geworden ist, hat der Marktflecken bis heute nichts an Lebendigkeit eingebüßt. Als Sitz der Bezirkshauptmannschaft verfügt Rohrbach nicht nur über zahlreiche Schulen, Amtsgebäude und Geschäfte, sondern auch über eines der modernsten Krankenhäuser des Landes Oberösterreich.

Dem Rechtsstatus zufolge eine Stadt, hat Rohrbach jedoch viel Kleinstädtisches an sich. Das beginnt schon mit dem monumentalen Gotteshaus in der Ortsmitte: Die Jakobskirche, urkundlich bereits 1303 erwähnt und 1427 von den Hussiten zerstört, wurde nach einem Brand um 1700 neu erbaut und gilt als einer der wichtigsten Barockbauten nördlich der Donau. Als Architekt firmiert denn auch kein Geringerer als der Erbauer der Stiftskirche St. Florian und zahlreicher anderer barocker Prachtbauten des Landes, Carlo Antonio Carlone. Das Langhaus mit den Stichkappen, die prächtige Orgel, der Hochaltar und die Annakapelle – das alles sind meisterhafte Beispiele weltläufiger barocker Architektur, wie man sie im überwiegend bäuerlichen Mühlviertel nur selten vorfindet.

Der imposante Kirchturm mit der Galerie in luftiger Höhe steht auch im Mittelpunkt eines seltenen Brauchtums: Wenn in Rohrbach jemand stirbt, so wird sein Name in alle vier Windrichtungen ausgerufen.

Die Pfarrkirche ist nicht das einzige bemerkenswerte Gotteshaus rund um Rohrbach. Große Kirchenbauten scheinen kleinere fast magisch anzuziehen. Und so findet man unweit der Carlone-Kirche ein hübsches kleines Wallfahrtskirchlein in der benachbarten Gemeinde Berg. Die Kirche *Maria Trost* liegt hoch oben auf einer steilen Felskuppe in der Ortschaft *Berg* und wird wegen des schönen „bekleideten" Gnadenbilds auch heute noch von vielen Wallfahrern aufgesucht.

Seine Entstehung verdankt das Kirchlein einem Gelübde des Grafen Wolfdietrich von Rödern, der gegen Ende des Dreißigjährigen Krieges schwor, eine Kirche zu errichten, wenn Rohrbach von den Raubzügen der Schweden verschont bliebe.

Weniger heroisch sind die Beweggründe der Pilger (und vor allem Pilgerinnen), die zur nahen *Wallfahrtskapelle des hl. Ivo* ziehen. Die 1730 gebaute Kapelle wird nämlich vor allem von jungen Mädchen aufgesucht, die sich einen Mann wünschen. Weshalb aus dem hl. Ivo längst der hl. Schikanus geworden ist. Was in der Mundart soviel bedeuten soll wie „Schick an uns – an Mann!". Ein Stoßgebet, das beherzte Jungfrauen auch noch dadurch zu unterstützen wissen, daß sie den Heiligen kurzerhand in den großen Zeh beißen.

„Ze sand Gallen chirchin"

Die Eintragung in einer alten Ortschronik, die auf ein dem hl. Gallus geweihtes Kirchlein schließen läßt, stammt aus dem Jahre 1356 – und ist beileibe nicht das älteste Zeugnis, das die lange Geschichte des Marktes *Gallneukirchen* dokumentiert. Daß sich der Kirchweiler, dem bereits vor 1171 das Marktrecht verliehen wurde, auf uraltem abendländischem Kulturboden befindet, beweist allein schon die Lage der Galluskirche auf einem alten heidnischen Thingplatz. Das 1180 erstmals urkundlich erwähnte Gotteshaus ist bis heute einer der bemerkenswertesten Bauten Gallneukirchens geblieben. Wobei der barocke Zwiebelhelm leicht darüber hinwegzutäuschen vermag, daß das Bauwerk in seinem Kern aus dem 13. Jahrhundert stammt.

Doch auch, wer sich rund um das Gotteshaus ein wenig umsieht, wird auf einige bemerkenswerte steinerne Zeugen aus früher Zeit stoßen: Da findet man etwa den spätgotischen Karner aus dem Jahre 1476 oder ein schauriges Monument früherer Halsgerichtsbarkeit: Vor dem Kircheneingang – direkt gegenüber dem Gemeindeamt – sorgt eine Richtsäule aus dem 16. Jahrhundert für Gänsehaut. Sie steht freilich erst seit kurzer Zeit an diesem zentralen Standort. Bis 1980 diente sie als „Abschreckung" oben auf dem Penkenberg, wo sich auch die alte Richtstätte befunden hatte.

Auf den Spuren der Vergangenheit kann in Gallneukirchen jedoch auch wandeln, wer einen Abstecher ins kleine Ortsmuseum macht, das sich ganz dem Schwerpunkt „aussterbende Berufe" gewidmet hat. Ganz gewiß ausgestorben ist wohl auch der Beruf des Pferdeeisenbahnschaffners, der früher auf der Strecke Wien–Budweis seinen Dienst verrichtete. Das alte Bahnhofsgebäude aber steht heute noch und wurde 1918 vom „Evangelischen Verein für innere Mission" erworben, der darin heute das Bildungshaus „Waldheimat" errichtet hat.

Die alte Trasse der Pferdeeisenbahn ist jedoch noch immer ein beliebtes Wanderziel in der reizvollen Umgebung Gallneukirchens. Ebenso wie das *Ägydikirchlein* auf dem nahen *Hohenstein,* das nach der Linzer Martinskirche als ältestes Gotteshaus Oberösterreichs gilt und – wegen der vermutlichen Grundsteinlegung im Jahr 853 – unbestritten der älteste Sakralbau des Mühlviertels ist. Ein nicht minder beliebter Wanderweg führt durch das idyllische Mirellental nach *Altenberg.*

Gallneukirchen. Spätgotisches Nordportal der ehemaligen Michaelskirche (um 1510)

Inschrifttafel (1831) neben der Trasse der Pferdeeisenbahn Linz–Budweis bei Unterweitersdorf im Tal der Gusen

Bad Leonfelden – zwischen Kur und Lebkuchen

Es ist eine alte Weisheit, daß die schönsten „Kalorien-Sünden" immer dort locken, wo man um der lieben Gesundheit willen hinfährt – nämlich in den Kurorten. Warum sollte es also ausgerechnet in Bad Leonfelden anders sein?

Daher ist Bad Leonfelden nicht nur als Kneipp-, Moor- und Luftkurort sowie seiner radioaktiven Quellen wegen bekannt, sondern vor allem auch für den berühmten Bad Leonfeldener Lebkuchen aus der Bäckerei Franz Kastner, wo Naschkatzen sich – gegen Voranmeldung – auch in die Kunst der Lebkuchenbäckerei einweihen lassen können.

Doch Badeleben und Leckereien sind gewiß nicht die einzigen Attraktionen des bekanntesten Mühlviertler Kurorts, dessen Ortsbild nach einem Großbrand im Jahre 1892 leider viel von seiner historischen Substanz eingebüßt hat. Kulturhistorisch Interessierte finden – auf den zweiten Blick – noch immer genug Interessantes: etwa die erst 1987 zur Gänze renovierte spätgotische Spitalskirche, die nun erstmals seit ihrer Schließung im Zuge der von Josef II. angeordneten Säkularisierung wieder der Öffentlichkeit zugänglich ist und als Rahmen für Ausstellungen, Vorträge, Konzerte sowie – last but not least – standesamtliche Trauungen dienen soll. Während die dem hl. Bartholomäus geweihte Pfarrkirche ihre lange Vergangenheit seit der erstmaligen Erwähnung im Jahr 1292 nur mehr erahnen läßt und sich weitgehend als neogotisches Gotteshaus präsentiert, zeigt sich die schmucke kleine Wallfahrtskirche Maria Schutz am Bründl noch heute in ihrem 1761–1793 entstandenen barocken Gewand.

Ebenfalls historisch ist die alte „Schwedenschanze" aus der Zeit des Dreißigjährigen Krieges (1618-1648), deren Palisaden und Staketenzäune auf 1700 m Länge in neuerer Zeit renoviert oder neu angelegt wurden, um interessierten Besuchern einen lebendigen Geschichtsunterricht zu ermöglichen.

Das wahre Kapital von Bad Leonfelden ist indessen vor allem die prachtvolle Landschaft des Nordwalds, dessen höchster Gipfel, der *Sternstein* (1225 m) als Bad Leonfeldener Hausberg gilt und sich zur Sommerzeit bei Wanderern und Schwammerlsuchern nicht minderer Beliebtheit erfreut als im Winter bei Schifahrern. Und von der 1899 anläßlich des 50jährigen Regierungsjubiläums des Kaisers entstandenen Franz-Josephs-Warte genießt man einen herrlichen Rundblick über das Wäldermeer des Böhmischen Massivs.

Oben: Bad Leonfelden. Pfarrkirche Zum hl. Bartholomäus (urk. 1292)

Unten: Bad Leonfelden. Gotische Fresken in der ehemaligen Spitalskirche Zum hl. Josef (um 1500)

Blick vom Sternstein nach Norden über die tschechische Grenze

Ottensheim. Ehemaliges Schloß (urk. 1148) der Wilheringer auf einem Felskopf über der Donau

Das Heim von König Otto

Der Ursprung der Legende hat seinen Sitz an der Fassade eines alten Bürgerhauses am Marktplatz Nr. 16. Dort verweist das Bild eines Wickelkindes samt dazugehöriger Inschrift auf den bemerkenswerten Umstand, daß kein Geringerer als König Otto IV. hier im Jahre 1208 geboren worden sei. Was *Ottensheim*, das früher nach der Mündung des Rodlflusses „Rotel" hieß, erst wirklich aus der Taufe hob.

Die in einen Steilhang des linken Donauufers hineingeschnittene Siedlung erhielt zwar „erst" 1492 – im Jahre der Entdeckung Amerikas durch Christoph Columbus – die Marktfreiheit, galt aber schon viel früher als strategisch und wirtschaftlich wichtiger Posten am Donaustrom.

Schon zur Römerzeit stand hier – am feindlichen Ufer – einer der wenigen römischen Wachttürme

Donauüberfuhr in Ottensheim

jenseits des Limes – ein Bollwerk gegen einfallende Markomannen. An seiner Stelle wurden bereits im frühen Mittelalter die Grundfesten jener Burg Ottensheim errichtet, die bis heute das Ortsbild beherrscht. Die um 900 errichtete Anlage diente noch an der Wende zum 16. Jahrhundert als – wie es in einer Chronik heißt – verteidigungsfähige Fluchtburg, bevor sie 1625 von Kurfürst Maximilian von Bayern dem Jesuitenorden zum Geschenk gemacht wurde. Heute ist die Burg im Besitz einer englischen Familie und nicht der Öffentlichkeit zugänglich. Ganz im Gegensatz zu dem groß angelegten Wassersportgebiet, das sich zu ihren Füßen erstreckt, seit im Jahre 1974 das Donaukraftwerk Ottensheim/Wilhering seinen Betrieb aufnahm. Darüber hinaus ist Ottensheim mit seiner auf einer Anhöhe gelegenen gotischen Pfarrkirche und den alten Bürgerhäusern Ausgangspunkt für eines der beliebtesten Wandergebiete des Mühlviertels – das wildromantische Rodltal.

Steyregg – zwischen Schlot und Schloß

Es war einmal . . . ein idyllisches Städtchen an einer Donaukehre, am Fuße des grünen Pfenningberges, mit einem schmucken Barockschlößl in guter Luft . . . was viele Linzer dazu bewog, an schönen Sonntagen die Donau zu überqueren und sich's, mit Jausenbroten und Rucksäcken ausgerüstet, an der Schwelle zum bewaldeten Böhmischen Massiv gemütlich zu machen.

Doch dann kam Hitler, und mit ihm nicht nur die Apokalypse des Zweiten Weltkriegs, sondern auch die „Hermann Göring"-Werke, die Linz bald zur Stahl- und Chemiestadt – und Steyregg mitsamt seinen Wäldern zu einer Art vorgelagerten Grünfilter und Schadstoffasyl machen sollten.

Nach dem Zweiten Weltkrieg mußte das von Bombenangriffen zerstörte Steyregger Schloß geschleift werden. Erst 1964 wurde es durch einen Neubau ersetzt. Und wenn im Linzer Umkreis irgendwo besonders „dicke Luft" herrscht, so kann man fast gewiß sein, daß das Städtchen am anderen Ufer zu den Meistbetroffenen zählt.

Trotz dieser belastenden Ausgangspositionen konnten Steyregg und sein Hinterland so manche Schönheit und so manches historische Kleinod herüberretten. Die Stadtmauern und der Karbrunnen sowie die gotische Stadtpfarrkirche, die bis ins Jahr 1111 zurückreicht – das alles gibt dem Städtchen, das bis heute vergeblich nach einer Urkunde über die Stadterhebung im 15. oder 16. Jahrhundert sucht, auch im Schatten der Fabrikssschlote einen Hauch von Idylle und kleinstädtischer Betriebsamkeit.

Und wenn man eines schönen Sonntags auf den *Pfenningberg* steigt, um dort unter dem Gipfelkreuz bei den „drei Buchen" zu picknicken, wo sich einst ein altes keltisches Heiligtum befunden haben soll, dann – ja dann könnte man fast vergessen, daß die Zeiten, in denen Steyregg ein idyllisches Städtchen an einer landschaftlich besonders schönen Donaukehre war, vielleicht ein für allemal vorbei sind . . .

Mauthausen. Barocke Sitzmadonna auf einem spätgotischen Haus in der Bezirksgerichtsgasse

Mauthausen – das Grauen und die Idylle

Würde jemand eine Umfrage machen, was den Österreichern zu Mauthausen einfällt, so würde vermutlich jedem das berüchtigte Konzentrationslager aus den Jahren des Zweiten Weltkriegs einfallen. 122.767 Menschen wurden hier zur Zeit des Nationalsozialismus in den Gaskammern oder auf der – zur traurigen Berühmtheit gelangten – „Todesstiege" im nahen Steinbruch bestialisch ermordet. Das KZ dient seit damals als erschütternde Gedenkstätte für jenes Grauen, das in so abgrundtiefem Gegensatz zur friedlichen Idylle des alten Donaumarktes Mauthausen – mit seinen freundlichen Hausfassaden, den Erkern und Torbögen sowie dem

dreieckigen Marktplatz am Fuße der auf einem Felskopf gelegenen spätgotischen Pfarrkirche – steht.

Im Grunde genommen ist Mauthausen unverdient zu dem Ruf gekommen, ein KZ-Standort zu sein. Denn das Konzentrationslager befand sich in der westlich von Mauthausen gelegenen Ortschaft *Marbach*. Doch Mauthausen hat schon lange vor Hitler blutige Geschichte erlebt. So soll Kaiser Friedrich I. Barbarossa, als man hier seinem gegen Jerusalem donauabwärts ziehenden Kreuzzugsheer eine hohe Maut abverlangte, kurzerhand den Befehl gegeben haben, den ganzen Ort in Schutt und Asche zu legen und seine Bewohner niederzumetzeln.

Mauthausen wurde nach diesem schrecklichen

Mauthausen. Lagertor des ehemaligen Konzentrationslagers

Haslach. Befestigungen (in der Mitte: Rundturm) und Ortsmauer aus dem 14. Jh.

Ereignis wieder aufgebaut. Und vieles erinnert noch heute an jenen Reichtum, den der mittelalterliche Marktflecken vor allem dem Umstand verdankte, daß hier seit dem Jahr 1505 eine Brücke über die Donau führt, die ein wichtiges Nord-Süd-Bindeglied der alten Salzstraße war; so etwa der alte Salzstadl, ein Speicherbau direkt an der Donau gelegen, der als eines der ältesten und interessantesten Wirtschaftsgebäude Oberösterreichs gilt.

Einen unverkennbaren Akzent verleiht dem Ortsbild die Wasserburg *Pragstein*, die 1491 auf einer Donauinsel erbaut wurde und aufgrund einiger Flußregulierungen heute unmittelbar mit dem Ufer verbunden ist. Seit einigen Jahren befindet sich hier ein Heimatmuseum, dessen Exponate nach den Schwerpunkten „Heimatkunde", „Schiffahrt" und „Entwicklung der Beleuchtung" liebevoll zusammengestellt wurden.

Auf den Spuren der Geschichte läßt sich's auch wandeln, wenn man der alten Nikolauskirche mit ihrem kunstvollen Kreuzrippengewölbe, den in die Zeit der Türkenkriege zurückgehenden historischen Kirchenglocken und den romanischen Fresken der im nahen Karner untergebrachten Barbarakapelle einen Besuch abstattet.

Das alles kann – was Alter und Geschichtsträchtigkeit betrifft – nicht mit jenem Kuriosum konkurrieren, das man in einer Parkanlage an der Donau besichtigen kann: Dort wurde ein bei Ausgrabungsarbeiten im Donauflußbett gefundener Eichenstamm aufgestellt, der das stolze Alter von 8000 Jahren vorweist.

Haslach – am Webstuhl der Zeit

Die Zeiten, in denen rund um Haslach Flachs angebaut wurde, gehören wohl endgültig der Vergangenheit an. Die Webereitradition, die dadurch begründet wurde, lebt hingegen noch heute. Haslach, einst das Zentrum der Weber, Färber und Bleicher, gilt nach wie vor als „Textilmetropole" des Mühlviertels. Im Bewußtsein dieser Tradition hat man im alten Schulhaus auch ein Webereimuseum errichtet, das zu den interessantesten Kleinmuseen der Region zählt. In mühevoller Kleinarbeit wird hier der Weg von der Flachsaufbereitung bis zum fertigen gewobenen Stoff nachgezeichnet. Jahrhundertealte Webstühle zählen ebenso zu den wertvollsten Exponaten des Museums wie Spinnräder aus der Biedermeierzeit oder Handdruckmodel, mit denen man den Stoffen bunte Muster verlieh. Ein alter „Gradlstuhl", auf dem einst karierte Gewebe händisch hergestellt wurden, zählt zu den Hauptattraktionen des Museums – das aber keineswegs die einzige Sehenswürdigkeit ist, die Haslach anzubieten hat.

Das Heimathaus im alten Torturm ist ebenfalls einen Besuch wert. Auch hier kann man auf den Spuren des alten Handwerks wandeln und die Kunstfertigkeit der alten Glasbläser, Wachszieher oder Porzellanmaler bewundern.

Kunstfertig dürften in Haslach auch die Architekten gewesen sein, denn die Fassaden des alten Marktes atmen ästhetische Beschaulichkeit und sind einen „Kulturspaziergang" wert.

Apropos Spaziergehen: Die Umgebung Haslachs lädt zu zahlreichen kleinen und größeren Ausflügen ein. Mögliche Ziele sind die alten germanischen Kultstätten auf dem Eckarts- und dem Michaelsberg oder das „Warzengrübl" – ein Schalenstein an der Sternwald-Bundesstraße, in dem das Wasser angeblich niemals verdunstet.

Haslach. Unterer Torturm (14. Jh.) mit Heimatmuseum 17

Kleine Gusen bei Pfaffendorf

FLÜSSE, TÄLER, BÄCHE

Ein Netz von blauen Äderchen

„. . . Und das Wasser, welches von den Wolken des Himmels niederregnet, sinkt hinein und sinkt immer tiefer, und sinkt tiefer, und reinigt sich und sammelt sich in dem Steine wie in einem blanken Kruge, weil der Stein fest ist wie eine glatte Schale. Und dann quillt es irgendwo hervor und macht ein kleines Bächlein oder in der Steinmulde ein Brünnlein, so hellen Wassers, daß du nicht weißt, wo die Luft aufhört und das Wasser anfängt, und ein Wasserfädlein rinnt von der Mulde fort, und tausend Wasserfädlein rinnen, und überall rieselt es emsig und still, und das Rieselnde findet sich zusammen, und es rauscht dann in der Tiefe, und die vielen, vielen Bäche gehen in die Länder hinab."

Poetischer und gleichzeitig präziser als Adalbert Stif-

ter dies tat, läßt sich die landschaftliche Struktur des Mühlviertels gar nicht mehr beschreiben. Das blaue Band der Donau entwässert in der Tat ein besonders dicht gewirktes Netzwerk von Flüssen, Bächen und Rinnsalen. Viele von ihnen können ihre mineralischen Elemente nach außen hin kaum verbergen und führen im Flußbett – wie etwa die Rodl – bräunliches bis rostrotes Wasser, ein Zeichen für besondere Eisenhaltigkeit.

Das Mühlviertel ist überdies reich an Teichen, kann aber, wenn man von der bei Oberkappel aufgestauten Ranna und dem Mühl-Stausee bei Neufelden absieht, mit wenigen Seen aufwarten.

Zahlreiche ansprechende Wanderwege durch die Flußtäler des Mühlviertels entschädigen jedoch dafür; sie führen durch „verwunschene" Wälder und Schluchten, vorbei an alten Burgruinen in einer rundum wildromantischen Landschaft.

Die Ranna – zwischen Bettelsteig und Teufels- kanzel

Sie entspringt im bayerischen Dörfchen *Sonnen* und führt von da an eher ins Dunkle. Denn das Rannatal ist eine zauberische, verwinkelte und düstere Talschlucht, vor allem in ihrem Mündungsgebiet zur Donau hin. Wenn ihre Wasser sich unterhalb der majestätischen Burgruine *Rannariedl* mit jenen der Donau vermischen, hat die Ranna in der Tat einen äußerst beschwerlichen Weg zurückgelegt.

Zwischen Quelle und Mündung muß der Fluß näm- lich den beachtlichen Höhenunterschied von 620 Metern zurücklegen. Kein Wunder also, daß das steile Gefälle, besonders im unterhalb von Oberkap-

Mühlviertler Landschaft bei Schloß Sprinzenstein

Blick auf den Ameisberg von Norden

sert wird, ist erst in den letzten Jahren touristisch einigermaßen erschlossen worden. Dennoch konnte der „Ferienpark Donau-Ameisberg" mit den Hauptorten *Atzesberg, Altenhof, Hofkirchen, Julbach, Kollerschlag, Neustift, Oberkappel, Peilstein, Pfarrkirchen* und *Putzleinsdorf* bis heute seine landschaftliche Unberührtheit erhalten.

Mittelpunkt des Feriengebiets ist zweifellos die Ortschaft *Oberkappel,* die gleichzeitig Ausgangspunkt des Weitwanderweges Nr. 150, besser bekannt als „Mittellandweg", ist. Er führt vom westlichsten zum östlichsten Punkt des Mühlviertels – nach *Waldhausen* an der niederösterreichischen Landesgrenze.

Ein beliebtes Wandergebiet ist auch das Naturschutzgebiet *Bärnloch.* Kulturwanderer wiederum werden das Rannatal nicht verlassen, ohne der barocken Schloßkapelle von Schloß *Altenhof* bei *Pfarrkirchen,* der Pfarrkirche von *Pühret,* einem besonders markanten Vertreter neuzeitlicher Sakralarchitektur, sowie der gotischen Ägidiuskirche in *Oberkappel* mit ihrem bemerkenswerten Netzrippengewölbe einen Besuch abgestattet zu haben.

Unten: Putzleinsdorf. Prangersäule (1580) auf dem Marktplatz
Gegenüberliegende Seite: Schloß Altenhof (urk. 1203 ?) von der Ruine Falkenstein gesehen

pel gelegenen österreichischen Teil des Flusses im Lauf der Jahrtausende recht bizarre Formen in den Granit gegraben hat. Kein Wunder aber auch, daß man bereits 1925 auf die Idee kam, das enorme Energiepotential, das in diesem Gefälle steckt, für ein Stauwerk zu nützen.

Die Ranna ist aber nicht nur landschaftlich und geologisch betrachtet ein bemerkenswertes Gewässer. Sie spielt auch in Geschichte und Politik der Region eine beachtliche Rolle – dient sie doch bereits seit dem Jahr 788 n. Chr. als natürliche Grenze zwischen Baiern und den östlichsten Ausläufern des einstigen Deutschen Reiches. Die dreizehn Jahrhunderte während und bis heute bestehende Grenzfunktion der Ranna hat auch im Umland ihre Spuren hinterlassen. Der *Bettelsteig* vom Passauer Wald hinüber ins Mühlviertel läßt Erinnerungen an Schmuggler, illegale Grenzgänger und fahrendes Volk wach werden. Historische Versatzstücke säumen den waldigen Pfad: Rudimente von Schanzen und Staketen aus der Zeit des Dreißigjährigen Krieges, ein Sühnekreuz oder eine alte Wolfsgrube. Der Steig endet am *Ameisberg,* dessen Gipfel von einem überdimensionalen Wackelstein markiert wird, dem der Volksmund den schön-schaurigen Namen „Teufelskanzel" verliehen hat. In unmittelbarer Nachbarschaft befindet sich die 1904 auf Anregung des oberösterreichischen Heimatdichters Norbert Hanrieder errichtete *Ameisbergwarte* – ein massiver „Lug-ins-Land", der an den Söller einer alten Ritterburg erinnert und in alle vier Himmelsrichtungen einen Ausblick bis in 60 km Entfernung eröffnet.

Die wanderbare Gegend, die von der Ranna entwäs-

Oben: Blick auf Ulrichsberg an der großen Mühl
Links unten: Schwarzenberg. Pfarrkirche Zum hl. Johannes von Nepomuk (1784–1786)
Rechts unten: Blick von Klaffer nach Norden gegen den Böhmerwald

Mit Mühlen hat Mühl nichts zu tun

Wenn man das Wörtchen „Mühlviertel" als Unbeteiligter zum ersten Mal hört, so liegt wohl nichts näher als die Assoziation mit einer wasserreichen Gegend, an der einst zahlreiche Mühlräder „am rauschenden Bach" klapperten. Und gewiß mag es in früheren Zeiten im Mühlviertel auch viele Mühlen gegeben haben. Mit dem Namen „Mühlviertel" haben sie freilich nichts zu tun.

Der leitet sich vielmehr von alten Landschaftsbezeichnungen ab, von denen bereits in so mancher mittelalterlichen Chronik die Rede ist. So findet sich bereits im Jahre 1109 die Erwähnung einer „Cella ad Mouhile". Über die wahre Herkunft dieses Wortes sind sich die Etymologen jedoch bis heute noch nicht wirklich einig. Wahrscheinlich ist, daß „Mouhile" etwas mit dem slawischen Wort „mogyla" zu tun hat, was soviel bedeutet wie „Grabhügel". Und die oberösterreichische Mundart kennt heute noch das Wörtchen „Mugl" für eine kleine, hügelige Erhebung.

So betrachtet dürfte das Mühlviertel also kein „Land der Mühlen", sondern ein „Land der Mugln" sein – das beschreibt seine Oberflächenstruktur in der Tat ziemlich genau.

Das Kernstück dieses Landes wird von drei Flüssen entwässert, die gewissermaßen „zwischen den Mugln" fließen und daher allesamt den Namen „Mühl" tragen: Große Mühl, Kleine Mühl und Steinerne Mühl.

Die *Große Mühl* ist der zentrale Fluß jener groß angelegten Senke, die zwischen dem Passauer Wald im Westen und dem Linzer Wald im Osten liegt. Sie entspringt im Herzen des Böhmerwalds, direkt an jenem *Dreisesselberg,* wo sich einer alten Sage nach einst drei Könige auf den in Granit gehauenen Sesseln am Gipfel niederließen, um ihre Ländereien aufzuteilen.

Nach ihrem „Grenzübertritt" durchquert die Große Mühl den hübschen kleinen Böhmerwaldmarktflecken *Schwarzenberg,* der nicht nur für die Herstellung von Fleckerlteppichen, sondern auch als Ausgangspunkt zahlreicher Wanderungen berühmt ist – beginnt doch hier jener romantische Wanderweg, der hinauf zum *Steinernen Meer* sowie zu jenem *Dreiländereck* führt, von dem aus man an schönen Tagen eine Fernsicht bis hinein in die Alpen genießen kann.

Vorbei an der Ortschaft *Klaffer,* die bei Feriengästen wegen der Schwimmöglichkeiten in den beiden „Klafferteichen" sehr beliebt ist, fließt die Große Mühl zum Hauptort dieses Gebiets, dem Markt *Ulrichsberg.* Er ist nicht nur bei Erholung suchenden Sommerfrischlern als Geheimtip bekannt, sondern hat sich daneben zu einem veritablen Wintersportort herausgemausert, der den Zugang zum gerne als „Schneeloch" bezeichneten Wintersportgebiet *Holzschlag-Hochficht* eröffnet. Sessellifte, eine Skibobbahn, ein Eislaufplatz und eine Übungssprungschanze ermöglichen eine Vielfalt wintersportlicher Betätigungen. Und wen die Sehnsucht nach der Zeit

Aigen. Brunnenfigur von Johann Spaz (Ende 17. Jh.) auf dem Marktplatz

packt, „als Böhmen noch bei Öst'reich war", dem sei ein Abstecher zum nahen *Moldaublick* empfohlen, der aus 1020 Metern Höhe einen Ausblick auf den bereits in der ČSSR liegenden *Moldaustausee* und jene Ortschaft *Oberplan* ermöglicht, in der das Geburtshaus Adalbert Stifters steht.

Wenn man dem Lauf der Großen Mühl folgt, so

Blick vom Bärenstein nach Nordwesten zum Stausee von Lipno, ČSSR

Lembach. Häuserzeile mit spätbarocken Giebeln

Neufelden. Gotisches Bürgerhaus mit Barockfassade, Fensterkör-
ben und Madonnenbild

erreicht man schon bald jenen Punkt, an dem einst –
mit den ersten Zisterziensermönchen des Mittelalters – die „Zivilisation" des Mühlviertels begann. Die
Doppelortschaft *Aigen-Schlägl* ist jedoch nicht nur
wegen des Böhmerwaldstifts (siehe „Kirchen und
Klöster") bemerkenswert. Der Ort *Aigen* besticht
auch durch das historische Ensemble des Marktplat-
zes aus einem Brunnen der Spätrenaissance und
einer barocken Mariensäule.
Vorbei am alten Leinwebermarkt *Haslach* (siehe
„Städte und Märkte") bahnt sich der Fluß seinen Weg
talwärts durch reizvolle Hügellandschaften und
berührt als nächste größere Ortschaft *Neufelden,* das
sein Stapelrecht bereits seit dem Jahre 1311 besitzt.

Der längliche Marktplatz mit seinen gotischen und
Renaissance-Fassaden weist ebenso auf die
Geschichtsträchtigkeit der Ortschaft hin wie die ba-
rocke Pfarrkirche mit ihrem noch spätgotischen
Langhaus. Unweit von Neufelden, das auch eine Sta-
tion des „Mittelland-Wanderwegs" ist, wurde die
Große Mühl bei *Partenstein* gestaut. Und da man im
dadurch entstandenen Stausee auch Wassersport
betreiben und schwimmen kann, heißt die gestaute
Mühl bei den Einheimischen auch *Neufeldener See.*
Hinter *Kleinzell* und *Neuhaus* (siehe „Burgen und
Schlösser") vereinigen sich die Wasser der Großen
Mühl bei *Untermühl* mit jenen der Donau.
Die *Kleine Mühl* entspringt im Gegensatz zu ihren

Helfenberg. Pfarrkirche Zum hl. Erhard (urk. 1224)

Öpping. Pfarrkirche Zur hl. Maria Magdalena (1694), von Carlo
Antonio Carlone erbaut

beiden Schwesternflüssen auf österreichischem Staatsgebiet. Die Ortschaft *Julbach* – unmittelbar am Ursprung gelegen – hieß vielleicht gerade deswegen in früheren Zeiten auch „Jubelbach". Aufgrund der – inzwischen leider versiegten – Heilquelle war Julbach mit seinem „Annabründl" auch mehrere Jahrhunderte lang der Zielpunkt ausgedehnter Wallfahrten. Bis heute allerdings wird Julbach wegen des hier herrschenden betont milden Klimas auch das „Meran des Mühlviertels" genannt.

Die Gesamtlänge der Kleinen Mühl beträgt nur 34 km und führt den Flußlauf an mehreren kleinen Ortschaften wie *Peilstein* (mit sehenswertem Leonhardikirchlein), *Öpping* (mit Magdalenenkirche von Carlo Antonio Carlone aus dem Jahre 1694), *Sprinzenstein* (mit alter Burganlage), der Ruine *Tannberg* und *Hörbich* vorbei, bis die Kleine Mühl bei *Obermühl* ebenfalls in die Donau mündet.

Den Donaustrom erreicht die *Steinerne Mühl*, die einst auch wegen ihres wildbachartigen Verlaufs „der riuzische Michl" oder „Rauschemühl" genannt wurde, nur auf Umwegen. Mündet sie doch bereits bei Haslach in die Große Mühl, nachdem sie seit ihrem Ursprung im oberösterreichischen Afiesl unterhalb der Ruine Wittinghausen die Ortschaften *Schönegg, Helfenberg* (mit Barockschloß und gotischer, von Johann Michael Prunner barockisierter Pfarrkirche), *St. Stefan am Walde* (mit bemerkenswerter spätgotischer Pfarrkirche) gestreift hat.

Die drei Mühlflüsse haben dem Mühlviertel jedoch nicht nur seinen Namen gegeben, sondern bestimmen auch wesentlich seine politische und administrative Struktur. Große, Kleine und Steinerne Mühl entwässern das in sich geschlossene „Obere Mühlviertel", das mit dem politischen Bezirk *Rohrbach* identisch ist.

Donauenge von Obermühl

Das Pesenbachtal – zum Wandern und zum Bewundern

Würde man nicht wissen, daß das Pesenbachtal im Mühlviertel liegt, so könnte man es leicht in einer alpinen Landschaft vermuten. Zu schroff sind die Steilhänge, zu gischtig die Wasserläufe des „bösen Baches" – wie der Pesenbach früher hieß –, zu wuchtig die Felswände, um ins sonst so moderat-hügelige Mühlviertel zu passen.

Hier jedoch scheint die Natur stets noch einen Purzelbaum mehr schlagen zu wollen als anderswo. Diesen Eindruck hat der durchs Pesenbachtal Wandernde (und es gibt deren sehr viele) vor allem angesichts jenes berühmten „Kerzensteins", der aus zwei so seltsam übereinander getürmten Felsblöcken besteht, daß sich daraus die Form einer Kerze oder – wie psychoanalytisch geschulte Heimatforscher erkannt haben wollen – eines Phallus ergibt.

Ausgangspunkt für fast alle Wanderungen ins Pesenbachtal ist der Kneipp-Kurort *Bad Mühllacken* unterhalb einer alten, an überbordende Ganghofer-Romantik erinnernden Ruine. Schon seit 1500 befindet sich hier ein „gesuntbrunnen" in einem Badehaus, das unmittelbar an eine Kapelle gebaut worden war, die man heute noch besichtigen kann.

Nicht mehr besichtigen kann man hingegen jene berühmte „Pesenbacher Madonna", die 1963 aus der nahen *Leonhardikirche* gestohlen wurde. Das schmucke Filialkirchlein ist dennoch einer Besichtigung wert: Befindet sich darin doch ein Flügelaltar

Pesenbach. Flügelaltar (1495) in der Filialkirche Zum hl. Leonhard (Ende 14. Jh.)

aus dem Jahre 1495, in dem auf äußerst anschauliche Weise neben der Leidensgeschichte Jesu auch die Leonhardilegende erzählt wird.

St. Martin im Mühlkreis

Die Mühlkreisbahn im Tal der Großen Mühl nahe Neufelden

Zwischen Rodl und Saurüssel

Während die Pöstlingbergbahn weltweit als erste und einzige Adhäsionsbahn der Welt bekannt ist, wissen nur wenige, daß auch die im Ruf besonderer Beschaulichkeit und Langsamkeit stehende Mühlkreisbahn mit einem Superlativ aufzuwarten weiß. Immerhin gilt sie als steilste aller europäischen Normalspurbahnen. Und das hat seinen Grund in jenem schluchtartigen Wurmfortsatz zwischen Pesenbach und Kleiner Rodl, der im Volksmund wenig liebevoll „Saurüssel" genannt wird. Die Bahntrasse weist hier eine Steigung bis zu 46 Grad auf und führt neben der nicht weniger verschlungenen Bundesstraße Nr. 127 steil bergan.

Hat man – mit der Bahn oder mit dem Auto – einmal den kleinen Marktflecken *Rottenegg* erreicht, so beginnt man bereits entschieden an Höhe zu gewinnen – und befindet sich gleichzeitig an einem der markantesten Punkte des Oberen Mühlviertels – dem Zusammenfluß der *Großen* und der *Kleinen Rodl*, die beide das Antlitz dieser Landschaft in ganz besonderem Maße prägen.

Die *Große Rodl* entspringt an den Hängen des *Sternsteins*. Sie scheint ihren seltsamen Namen selbst erklären zu wollen. Denn so „rot" ist der Bachgrund ganz gewiß, daß man darauf mit Fug und Recht den Namen Rodl zurückführen kann. Wie meist bei Ortsnamen bewegt sich jedoch auch diese Annahme im Bereich des Spekulativen. Und es ist durchaus möglich, daß Rodl ebenso auf die indogermanische Wurzel „rat, rot" zurückgeht, was soviel bedeutet wie laufen, und letztlich nichts anderes heißen würde, als daß die Rodl ein rinnendes Gewässer ist.

Nach ihrem Ursprung „rinnt" sie zunächst einmal nach *Bad Leonfelden* (siehe „Städte und Märkte") und durchquert schließlich *Zwettl an der Rodl*, direkt an deren Zusammenfluß mit dem *Distelbach* gelegen.

Zwettl an der Rodl. Turm der Pfarrkirche Mariae Himmelfahrt

Zwettl, das früher einmal aus dem „Kurtzen Zwettl" (dem heutigen Hauptort) und der noch immer existierenden Gemeinde *Langenzwettl* bestand, deren Ortsgebiet sich über 2 km erstreckt, konnte sich auch im 20. Jahrhundert noch viel von seiner historisch gewachsenen Bausubstanz bewahren. Eines der imposantesten Bauwerke am Marktplatz mit dem schönen Jugendstilbrunnen ist das Färberhaus

Gramastetten. Spätgotisches Netzrippengewölbe und Maßwerkfenster im Chor der Pfarrkirche Zum hl. Laurentius (1110 geweiht)

aus dem Jahre 1668. Im ehemaligen Brauhaus mit seinen geduckten, mit geschnitzten Holzbalken ausgestalteten alten Innenräumen ist heute ein Kaffeehaus untergebracht. Die Pfarrkirche mit dem charakteristischen spitzen Turmhelm wurde bereits 1264 erwähnt und geht in ihren ältesten Teilen auf das 15. Jahrhundert zurück. Von kunsthistorischem Interesse ist auch die Nepomuk-Statue auf der Rodlbrücke, eine bemerkenswerte Barockarbeit aus dem Jahre 1724.

Über *Untergeng* gelangt die Große Rodl schließlich nach *Gramastetten,* eine hübsche Ortschaft, die ihren überregionalen Bekanntheitsgrad vor allem den süßen „Gramastettner Krapferl" verdankt. Die Gramastettner Pfarrkirche zum hl. Laurentius zählt zu den ältesten Gotteshäusern des Mühlviertels und ist vor allem der kunstvoll verästelten Netzrippengewölbe wegen von Bedeutung, die auf das Jahr 1444 zurückgehen.

Nachdem sie sich bei Rottenegg mit ihrer „kleinen Schwester" vereinigt hat, fließt die Große Rodl hinter *Walding* (mittelalterliches Georgikirchlein aus dem Jahre 1250) bei *Ottensheim* in die Donau.

Der Haselgraben – an der „saum strazze"

Wenn man auf der Landkarte von Linz aus einen senkrechten Strich nach Norden in Richtung Moldau zöge, so würde diese „Luftlinie" den Haselgraben entlanglaufen. Das scheinen auch schon die Salzhändler des Mittelalters erkannt zu haben, für die das Tal des Haselbaches, das sich am Ortsrand des Linzer Stadtteils *Urfahr* zwischen sanften bewaldeten Ausläufern der böhmischen Masse erstreckt, als schnellste und bequemste Nord-Süd-Verbindung galt.

Bereits 1198 wird davon berichtet, daß die „via antiqua" als „saum strazze" fliegender Händler benutzt wurde. Und bis heute gilt der Haselgraben – besonders, seit die einst als „Todesstrecke" berüchtigte Straße verbreitert wurde – als Tor der Linzer zum Mühlviertel. Vorbei am schmucken Magdalenakirchlein, das sich noch auf Linzer Ortsgebiet befindet, führt der Weg durch eine besonders im Herbst recht malerische Landschaft hinauf auf den „Balkon von Linz", nach Hellmonsödt, nachdem er zuvor den Blick auf die in den Westhang des Haselgrabens romantisch eingebettete Burgruine *Wildberg* freigegeben hat (siehe „Burgen und Schlösser").

Die Naht des Haselgrabens schließt sich in der bemerkenswerten Höhe von 824 m, wo die Ortschaft *Hellmonsödt* lufthungrigen Linzern ein Atemholen außerhalb vom Stadtsmog gewährt. Zahlreiche Sportmöglichkeiten sowie 80 km Wanderwege garantieren Erholungssuchenden die nötige Freizeit-Infrastruktur. Und kulturell Interessierte können sich im nahen *Freilichtmuseum Pelmberg* ein Bild von alter oberösterreichischer Volkskultur machen, indem sie einen restaurierten Dreiseithof mit „schwarzer Kuchl", guter Stube, Erdstall und angeschlossenen Wirtschaftsgebäuden in Augenschein nehmen.

Sollte sich an manchen Tagen selbst Hellmonsödt

Hellmonsödt im Haselgraben

noch nebelverhangen zeigen, so kann man fast gewiß sein, daß es in *Kirchschlag* bereits „aufreißt". Mit 894 m Seehöhe liegt es wie ein Giebeldach über dem „Balkon von Linz" und ist ein wahrer Garant für drei Grundpfeiler jeder Rekreation: reine Luft, frisches Wasser und absolute Ruhe. Was das Wasser betrifft, so hat man ihm früher auch eine gewisse Heilwirkung zugeschrieben und aus Kirchschlag kurzerhand jenes Bad Kirchschlag gemacht, aus dem Kurgast Adalbert Stifter seine berühmt gewordenen „Winterbriefe" schrieb. Neuere Messungen ergaben inzwischen, daß das Wasser wohl rein, aber nicht unbedingt heilkräftig ist. Also ließ man das „Bad" wieder weg und begnügt sich seither damit, ein „Höhenluftkurort" zu sein. Und das ist gewiß das, was die Linzer zur Zeit am nötigsten brauchen.

Mühlviertler Bauernstube im Freilichtmuseum Pelmberg

Freilichtmuseum Pelmberg in Hellmonsödt

29

Zwischen „Grasbach" und „Reicher Ache"

Diese beiden Namen wird wohl kaum jemand im Mühlviertel kennen. Und würde man einen Einheimischen nach einem dieser Flüsse fragen, so erntete man vermutlich nur ungläubiges Kopfschütteln. Doch das Rätsel ist schnell gelöst. Handelt es sich doch um nichts anderes als zwei alte Namen für die Große und die Kleine Gusen, die beiden Hauptflüsse der alten „Riedmark", die früher einmal ein eigenes Viertel war.

Die *Große Gusen* („Gusen" stammt vermutlich aus dem Keltischen und bedeutet soviel wie „plötzlich hervorbrechendes Gewässer") hieß früher schlicht und einfach Grasbach. Was wohl nicht zuletzt damit zusammenhängt, daß sie weitläufige Wiesenteppiche – vor allem im *Schenkenfeldener Plateau* – durchfließt, aus denen zuweilen massive Granitblöcke hervorblitzen, die in der Tat aussehen, als hätte sie – wie die Sage erzählt – ein über das Mühlviertel fliegender Engel verloren.

Die Große Gusen entspringt bei *Reichenau*, einer kleinen Marktgemeinde mit Schloßruine und gotischer Pfarrkirche. Zum Teil entlang der alten Pferdeeisenbahn fließt die Große Gusen zunächst durch *Haibach* und *Alberndorf* (nahe Schloß *Riedegg*, mit sehenswertem spätgotischem Flügelaltar in der Pfarrkirche), bis sie sich vor *Gallneukirchen* (siehe „Städte und Märkte") zu einem breiten Becken öffnet und – bis zu ihrer Donaumündung bei *Mauthausen* (siehe „Städte und Märkte") – auch noch durch einige hübsche Ortschaften fließt: *Engerwitzdorf* mit dem romanischen Ägydikirchlein auf dem Felskegel des Hohensteins, *Katsdorf* und *St. Georgen an der Gusen* mit seiner gotischen Pfarrkirche, die 1538 erweitert wurde.

Auch die *Kleine Gusen* wird von einigen besuchenswerten Ortschaften gesäumt. Die einstige „Reiche Ache" entspringt unweit der Ortschaft *Hirschbach*, das wegen des spitz zulaufenden Keildachs seiner Pfarrkirche auch gerne als „Heiligenblut des Mühlviertels" bezeichnet wird. Hoch über dem Tal der Kleinen Gusen thront der alte Kirchweiler *Neumarkt*, einst ein wichtiges Handelszentrum mit eigener Poststation. Vom Marktbrunnen weg führt ein kleiner Pfad hinab ins Flußtal, wo Eisenbahnarchäologen zwischen *Neumarkt* und *Unterweitersdorf* auf das intakteste Stück der alten Pferdebahntrasse treffen – und sich an Stütz- und Futtermauern, Dämmen, Viadukten und Bahnwärterhäuschen wahrscheinlich gar nicht sattsehen können.

Hinter *Katsdorf* schließlich finden „Grasbach" und „Reiche Ache" endlich zusammen.

Dreiseithof bei Schenkenfelden

Oben: Hirschbach im Tal der Kleinen Gusen
Unten: Hohenstein. Kapelle Zum hl. Ägidius. Links: Barocker Hochaltar (Ende 17. Jh.), Muttergottes- (rechts) und Christus-Statue. Rechts: Außenansicht

Die Aist – der „herbe Fluß"

Die „fluminarischen" Verwandtschaftsverhältnisse der Aist zählen zu den seltsamsten des an Flußverästelungen durchaus nicht armen Mühlviertels. Denn wer Aist sagt, der muß zuallererst Feld- und Waldaist sagen. Und selbst dann hat er längst noch nicht genug gesagt. Denn es gibt auch noch eine *Schwarze* und eine *Weiße Aist.* Damit das Ganze noch etwas komplizierter wird, läßt die Feldaist, nachdem sie sich mit der Waldaist vereint hat, kurzerhand alle Vorsilben sausen und wird schlicht und einfach zur Aist. Ein Flußname, der sich aus dem Lateinischen ableitet und vermutlich soviel wie „herb, zornig" bedeutet.

Doch das ist die Landschaft, die von der Aist (oder besser: von den „Aisten") entwässert wird, so ganz und gar nicht. In Wahrheit handelt es sich dabei um einen besonders malerischen Teil des Mühlviertels, der – da literarisch weniger häufig besungen – zu Unrecht im Schatten des Böhmerwalds steht. Die *Feldaist* entspringt im Freiwald nördlich von *Freistadt* (siehe „Städte und Märkte"), das sie auch, nachdem sie die beiden Ortschaften *Grünbach* und *Rainbach* passiert hat, erreicht. Über *Kefermarkt* (siehe „Kirchen und Klöster") zieht sie ihre Bahn schließlich weiter über *Pregarten* und *Wartberg ob der Aist,* wo sich der größte erhaltene Erdstall des Mühlviertels, „d'Flehlucka" oder „das Himmler-Flieh-Loch", befindet.

Die *Waldaist* entspringt nahe der Ortschaft *Schöneben* und fließt über *Weitersfelden* sowie *Kaltenberg* nach *Gutau,* wo ein altes Färberhaus als Österreichs einziges Färbermuseum renoviert wurde. Nach dem Zusammenfluß mit der Feldaist nimmt die nunmeh-

Oben: Die Waldaist bei Gutau
Gegenüberliegende Seite: Grünbach bei Freistadt

rige Aist Kurs auf *Schwertberg* (siehe „Burgen und Schlösser"), um schließlich bei *Au* in die Donau zu münden.

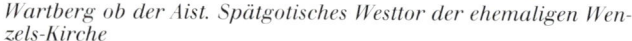

Wartberg ob der Aist. Spätgotisches Westtor der ehemaligen Wenzels-Kirche

Museum in der ehemaligen Färberei Zötl in Gutau östlich von Kefermarkt

Allerheiligen im Mühlkreis. Wallfahrtskirche Zur hl. Maria (urk. 1454). Blick von Norden

Die Naarn – oder „Mach Land!"

Der östlichste Nebenfluß der Donau ist – wie fast alle Flüsse des Mühlviertels – ebenfalls nach dem System „aus zwei mach eins" angelegt. Die *Große Naarn* entspringt in den Bergen des *Weinsberger Waldes* und wird aus den Wassern des *Klammleitenbachs* sowie des *Schwarzaubachs* gespeist.

Die *Kleine Naarn* hat ihr Quellgebiet bei *Liebenstein* und mündet bei *Pierbach* in ihr „großes" Gegenstück.

Gemeinsam entwässern die beiden Flüsse in ihrem Unterlauf das sogenannte „Machland" an der Grenze zu Niederösterreich – eine fruchtbare Plateau- und Aulandschaft zwischen *Mauthausen* und *Grein* (siehe „Städte und Märkte"), deren Namen die volkstümliche Etymologie auf die Worte „Mach Land!" zurückführt. Was zwar einsichtig, aber wissenschaftlich betrachtet unrichtig ist. Sprachwissenschaftler tippen eher auf „Marchland" – was soviel bedeutet wie „Grenzland". In der Tat handelte es sich – wenn man zurück in die Historie blickt – um eines der heißest umkämpften Gebiete der Region. Heute ist diese Landschaft rund um den Hauptort *Perg* (siehe „Städte und Märkte") nicht nur der fruchtbarste, sondern auch der dichtest besiedelte und wirtschaftlich am besten genützte Teil des Mühlviertels.

Die wichtigsten Orte dieser Region sind *Königswiesen* (siehe „Kirchen und Klöster"), *Unterweißenbach, Pabneukirchen*, die Kurorte *Bad Kreuzen* und *Bad Zell, Tragwein, Schwertberg, Mitterkirchen, Saxen* und *Naarn*.

KIRCHEN UND KLÖSTER

Schlägl – das Böhmerwaldstift

Das größte – und mittlerweile einzige – Stift des Mühlviertels ist nicht nach einem Heiligen, einer Marienerscheinung oder irgendeiner wunderbaren Begebenheit benannt, sondern schlicht und einfach nach der Rodung, die seine Gründung erst möglich machte. Den ersten Holzschlag, also das „Schlägl", versuchten Zisterziensermönche zwischen 1202 und 1207, die jedoch an den urwaldähnlichen Bedingungen der Landschaft scheiterten. Der erste Abt und seine Mitbrüder fanden ein tragisches Ende: Sie starben den Hungertod.

Der zweite Versuch, die Gegend urbar zu machen, wurde 1218 von Prämonstratensern unternommen – und erwies sich bis auf den heutigen Tag als erfolgreich. Auf dem Gelände ihres ersten „Marienschlags" entwickelte sich im Lauf der Jahrhunderte der geistige und kulturelle Mittelpunkt des Mühlviertels. Erst nach und nach entstand die heutige Stiftsanlage.

Oben: Stift Schlägl. Romanisches Knospenkapitell des Mittelpfeilers in der Krypta
Unten: Stift Schlägl. Hochaltar (1728) und Chorabschlußgitter (1634) in der Stiftskirche

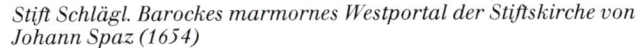

Stift Schlägl. Barockes marmornes Westportal der Stiftskirche von Johann Spaz (1654)

Die Krypta unter dem Chor ist einer der ältesten noch erhaltenen romanischen Stiftsteile. Die Kirche Mariä Himmelfahrt wurde im 15. Jahrhundert gotisiert und erweitert. Sie ist mit den fünfzehn Stufen, die den Altarraum wie eine Terrasse über dem Kirchenschiff wirken lassen, einer höchst eigenwilligen Architektur verpflichtet und birgt zahlreiche Kunstschätze von hohem Wert.

Da sind zunächst einmal die zahlreichen Altarbilder aus der Hand Bartolomeo Altomontes zu nennen. Vor allem aber hat der Bildschnitzer Johann Worath dem Gotteshaus einen unauslöschlichen Stempel aufgedrückt. Aus seiner Hand stammt unter anderem die prächtige, holzgeschnitzte Kanzel. Ein kunsthandwerkliches Meisterstück ist schließlich auch die 1634 vom Passauer Orgelbauer Andreas Putz geschaffene „Königin der Instrumente", die heute noch im Mittelpunkt des besonders aktiven Schlägler Musiklebens steht.

Doch nicht nur die Stiftskirche ist reich an Schätzen. Auch die Kunstsammlungen des Stiftes genießen Weltruf. Versammeln sie doch zahlreiche Meisterwerke der Donauschule neben Gemälden von Bartolomeo Altomonte, Franz Anton Maulbertsch und Romantikern wie Moritz von Schwind.

Auch hier findet man zahlreiche Werke der Bildschnitzerfamilie Worath, die ebenso verantwortlich für die kostbare Inneneinrichtung des nahen Wallfahrtskirchleins *St. Wolfgang am Stein* zeichnet, das über einer Quelle erbaut wurde, die selbst im eisigen Winter niemals gefriert. Gleich gegenüber der Stiftskirche befindet sich ebenfalls eine alte Wallfahrtskirche: *Maria Anger* dient heute als Friedhofskirche und beherbergt die Gruft der Schlägler Pröpste.

Etwas weltlicher geht es in einem anderen Keller des Stiftes zu. Dort kann man in überdimensionalen Weinfässern den Konventwein verkosten. Oder, was vielleicht noch empfehlenswerter ist, das „hausgebraute" Bier der Schlägler Klosterbrauerei, die letzte ihrer Art in Österreich.

Stift Schlägl. Bibliothek (1830, 1852)

Waldhausen im Strudengau. Ehemalige Stiftskirche Mariae Himmelfahrt (1650–1693)

Waldhausen – Symphonie in Schwarz und Gold

Wer heute die Pfarrkirche des ebenso stillen wie schön gelegenen Örtchens Waldhausen betritt, wird kaum ahnen, wie schwer dieses Gotteshaus im Lauf der Zeit von den Stürmen der Historie heimgesucht worden ist. Die ehemalige Stiftskirche war einst „Aushängeschild" des Augustiner-Chorherren-Ordens. Einer der Pröpste, Konrad von Waldhausen, wirkte in Prag als Beichtvater Karls IV. – und gilt bis heute als ideologischer Vorläufer von Johann Hus, dessen Lehre er auch maßgeblich beeinflußte. Was dessen Anhänger, die Hussiten, allerdings später nicht daran hinderte, die Wirkungsstätte Konrads von Waldhausen in Schutt und Asche zu legen. Das war freilich nur die erste einer Reihe von Katastrophen in der Stiftsgeschichte: In der Barockzeit etwa wurde das Stift von einem korrupten Abt an den Rand des Ruins gebracht, später der Administration in St. Florian unterstellt – und schließlich unter Josef II. aufgelassen.

Napoleon diente das Stiftsgebäude als Reitstall, in dem unter anderem Schießübungen auf das Hochaltarbild veranstaltet wurden. Stift und Stiftskirche verfielen im Lauf der Zeit.

Daß zumindest das Gotteshaus heute wieder in altem Glanz erstrahlt, verdankt es denkmalschützerischen Bemühungen nach dem Zweiten Weltkrieg. Damals erkannte man, daß es höchste Zeit war, das 1650–1661 von Carlo Canevale und Christof Colomba errichtete Barockjuwel für die Nachwelt zu erhalten. Seither glänzt der in Schwarz und Gold gehaltene Hochaltar wieder in alter Pracht – und bringt die zahlreichen Fresken in ihrer Buntheit dadurch umso mehr zur Wirkung. Zum künstlerischen Erleben des Barock gesellt sich zuweilen auch ein musikalisches: In der Stiftskirche werden regelmäßig Orgelkonzerte veranstaltet.

Unten: Waldhausen. Barocke Kanzel (1672)
Gegenüberliegende Seite: Waldhausen. Barocke Orgel (1677) mit klassizistischem Rückpositiv

Baumgartenberg – zwischen „Paradies" und Erziehungsheim

Die dreischiffige Vorhalle dieses Mühlviertler Klosters wurde – ebenso wie das romanische Langhaus – im 13. und 14. Jahrhundert erbaut und schlicht „das Paradies" genannt.

Ansonsten verlief die Geschichte dieses bemerkenswerten – und mittlerweile längst aufgelassenen – alten Zisterzienserstifts alles andere als paradiesisch. Wie Waldhausen wurde es Opfer sengender und brennender Hussiten. Nach der Zerstörung erwies sich eine umfassende architektonische Neukonzeption als unumgänglich. Vermutlich war es kein geringerer als der Florianer Stiftsbaumeister Carlo Antonio Carlone, der die Umbauarbeiten leitete. Er ließ sich von der Architektur des Stiftes Zwettl in Niederösterreich beeinflussen und schuf einen lichtdurchfluteten Chorumgang. Er baute Mansardenfenster ein, die den Sonneneinfall in das Kirchenschiff verstärken sollten. Vor allem aber baute er einen zweigeschossigen Treppenturm mit Zwiebelhelm und setzte einen Dachreiter auf das Langhausdach – womit auf den Trümmern der alten Stiftskirche ein eigenständiges Kunstwerk entstand, das durch die prächtige barocke Inneneinrichtung – wie einer Kanzel, aus welcher der Oberkörper des hl. Bernhard von Clairvaux buchstäblich „herauswächst" – eine ebenbürtige Ergänzung erfuhr.

Die Zisterzienser sollten von der barocken Pracht jedoch nicht mehr lange profitieren können: Nach der Aufhebung des Klosters durch Josef II. verfielen die Klosteranlagen allmählich und dienten zunächst als Fabriksgebäude. Seit 1867 ist hier ein Heim für schwererziehbare Mädchen untergebracht.

Baumgartenberg. Barocker Chor mit Stuckarbeiten von Bartolomeo Carlone in der ehemaligen Stiftskirche

Kefermarkt. Figur des hl. Christophorus vom Hochaltar (15. Jh.) der Pfarrkirche Zum hl. Wolfgang (1470–1476)

Kefermarkt – die „hölzerne Monstranz" des Mühlviertels

Er zählt vermutlich zu den größten Kostbarkeiten, die das an Kulturschätzen gewiß nicht arme Österreich zu bieten hat, und wäre dennoch vor hundert-fünfzig Jahren um ein Haar am Schuttabladeplatz gelandet. Die Rede ist vom „Kefermarkter Altar", der ob seiner fein ziselierten Schnitzkunst auch gerne als „Hölzerne Monstranz" bezeichnet wird. Daß er heute im völlig unscheinbar wirkenden und archi-

41

tektonisch gar nicht bedeutsamen Kefermarkter Wallfahrtskirchlein *Zum hl. Wolfgang* zu besichtigen ist, verdankt er einzig und allein Adalbert Stifter – der sich, auch wenn er keine Zeile geschrieben hätte, alleine dadurch um seinen Weltruhm verdient gemacht hätte.

Stifter rettete den zu seiner Zeit bereits ziemlich verfaulten und morschen Altar vor der sicheren Verrottung, indem er ihn vom Linzer Bildhauer Johann Rint von Grund auf renovieren ließ. Heute ist sich die Kunstgeschichte darüber einig, daß damit der – neben dem Krakauer Marienaltar und dem Pacheraltar in St. Wolfgang – bedeutendste gotische Altar Mitteleuropas gerettet wurde. Sein Schöpfer ist – trotz vieler Spekulationen – bis heute ein Anonymus geblieben. Doch ist man sicher, daß es sich – wie die geradezu klassische Ebenmäßigkeit der Schnitzfiguren des hl. Christophorus, hl. Petrus und hl .Wolfgang beweist – um einen der „Bedeutenden" gehandelt haben muß.

Kefermarkt. Schrein des Hochaltars der Pfarrkirche Zum hl. Wolfgang mit hl. Petrus, hl. Wolfgang und hl. Christophorus

Waldburg. Seitenflügel (Detail) eines der drei Flügelaltäre (1517) der Pfarrkirche Zur hl. Maria Magdalena

Waldburg – Gotik mal drei

Von außen betrachtet, wirkt das in einem kleinen Weiler gelegene Kirchlein von Waldburg bei Freistadt nur wenig spektakulär. Man würde es für eines der zahlreichen Gotteshäuser am Wegesrand halten, die gewiß zur Andacht, aber nicht eben gerade zur kunsthistorischen Besichtigung einladen.

Doch weit gefehlt: Hinter dem Portal verbirgt sich eine Troika gotischer Flügelaltäre, wie sie in ganz Österreich kaum ihresgleichen hat. Die spätmittelalterliche Frömmigkeit, deren Geist die Atmosphäre der Kirche prägt, wird auch noch durch das Chorgestühl aus dem Jahre 1522 und durch ein schlichtes gotisches Kruzifix aus dem Jahre 1515 unterstrichen.

Die Plastiken in den Altären selbst wirken auf den ersten Blick ein wenig derb – und können sich gewiß nicht mit der feinen Ziseliertheit der Kefermarkter Figuren messen. Doch ist es gerade die Volkstümlichkeit, die diesen Figurengruppen ihren eigentümlichen Reiz verleiht und ihnen Leben einhaucht.

Das Kernstück des Gotteshauses ist selbstverständlich der Hochaltar mit den Figuren der Maria Magdalena und der hl. Maria, die das Jesuskind in einer – anatomisch gesehen – ziemlich unnatürlichen Position hält. Die Rückseite des Hauptaltars erzählt die Passion Jesu in anschaulichen Tafelbildern. Die beiden geschnitzten Seitenaltäre sind dem – am Rostattribut sofort erkennbaren – hl. Laurentius sowie dem hl. Wolfgang geweiht.

Rauchenödt. Schrein des Hochaltars (um 1520) der Filialkirche Zum hl. Michael mit hl. Nikolaus, hl. Michael und hl. Stephan

Rauchenödt – die bäuerliche Bilderbibel

Die Ortschaft Rauchenödt trägt das Wörtchen „öd" nicht unverdienterweise im Namen. Allerdings soll man es keineswegs negativ werten. Denn „öd" bedeutet hier nichts anderes als abgeschieden, einsam, still und ruhig. In 907 m Höhe ist die kleine Filialkirche Zum hl. Michael gewiß eines der höchstgelegenen Gotteshäuser des Mühlviertels. Und ihre Inneneinrichtung fügt sich – in ihrer anmutigen Naivität – perfekt ins landschaftliche Umfeld ein.

Der um 1520 entstandene Hochaltar wird gerade deswegen so weithin gerühmt, weil er keines von den „großen" und majestätischen Sakralkunstwerken ist. Da blitzt kein Blattgold, da werden den Emblematikern keine komplizierten Rebusrätsel aufgegeben. Da fordern lediglich einige eher roh geschnitzte Heiligenfiguren wie der hl. Michael und der hl. Stephan zur Andacht auf – und da erzählt eine Bilderbibel die Leidensgeschichte des Herrn auch jenen, die sie lesenderweise niemals hätten erfahren können.

St. Thomas am Blasenstein – beim „g'selchten Pfarrer"

Es ist nicht so ganz auszumachen, weswegen St. Thomas am Blasenstein eigentlich berühmter ist: wegen der „Bucklwehluck'n" oder wegen des „g'selchten Pfarrers". In beiden Fällen geht es jedenfalls nicht ganz mit rechten Dingen zu. Und in beiden Fällen hat das „Wunderbare" nur höchst bedingt etwas mit der christlichen Lehre zu tun.

Die „Bucklwehluck'n" ist sogar als durch und durch heidnisch zu bezeichnen. Wo sich bis heute Rheumatiker und Gichtige mühsam durch einen engen Felsspalt zwängen, dem man (wissenschaftlich völlig unhaltbar) radioaktive bzw. (theologisch unhaltbar) „wundersame" Wirkung zuschreibt, da sollen in heidnischer Vorzeit Blutopfer auf den sogenannten „Schalensteinen" dargebracht worden sein, die sich in dieser Gegend recht häufig finden. Doch selbst wenn's nur ein steinernes Placebo ist, so findet die „Luck'n", die man über einen 2 km langen Prozessionsweg erreicht, dennoch bis heute zahlreiche „Anbeter".

Nicht minder wundersam klingt die Geschichte jenes 1746 verstorbenen Pfarrvikars Franz Snyder, dessen Leichnam – obwohl in keiner Weise mumifiziert – bis heute nicht verwest ist, und der darob jährlich an die 20.000 Wallfahrer anlockt.

Wem der Glaube allerdings wichtiger ist als der Aberglaube, der findet in der gotischen Thomaskirche einige wertvolle Reliefs und Skulpturen aus dem 15. Jahrhundert, deren „Echtheit" über jede Spekulation erhaben ist.

St. Thomas am Blasenstein mit gotischem Bildstock

Pfarrkirchen. Detail eines frühgotischen Freskostreifens (um 1300) in der Pfarrkirche Mariae Himmelfahrt (urk. um 1230)

Mühlviertler Kirchen – Kultur am Wegesrand

Das Mühlviertel ist besonders reich an Gotteshäusern. Jeder größere Weiler besitzt eines. Und zu den zahlreichen Pfarrkirchen gesellen sich noch eine Unzahl von Filialkirchen und Kapellen, die aus kunsthistorischer Sicht zuweilen noch bedeutender sind als ihre „Stammhäuser". Viele dieser Gotteshäuser sind gleichzeitig als Gnadenorte in die Kirchengeschichte eingegangen. Wenn man in den Pfarrchroniken nachliest, stößt man meist schon bald auf irgendein Bründl, das angeblich die Pest vertrieben oder Augenleiden geheilt hat. Die bäuerliche Struktur des Mühlviertels hat freilich auch das Weiterleben „heidnischer" Glaubenselemente bis hinauf in die Barockzeit mehr begünstigt, als es der Amtskirche zumeist lieb gewesen ist.

Nicht alle Gotteshäuser freilich verfügen über „spektakuläre" Kunstschätze, wie etwa *Schlägl, Kefermarkt* oder *Waldburg*. Wer sich jedoch einen Blick für das Außerordentliche bewahrt hat, findet in fast jeder Kirche des Mühlviertels irgend etwas, weswegen es sich lohnt, am Wegesrand innezuhalten.

So trifft man etwa in der Himmelfahrtskirche von *Königswiesen* auf ein besonders kunstvoll gearbeitetes Schlingrippengewölbe mit mehr als 500 einzelnen Gewölbefeldern, die um 1520 entstanden sind. In *Pabneukirchen* wiederum sind nicht nur die alten Glocken aus den Jahren 1320, 1537 und 1551 bemerkens- wie hörenswert, es lohnt sich auch ein kurzer Rundgang durch die dem hl. Simon und dem hl. Judas Thaddäus geweihte Kirche mit ihrem 1488 errichteten Chor, den kühnen Trägerkonstruktionen der Orgelempore und dem prunkvollen barocken Hochaltar, der früher im Kloster Waldhausen zu finden war.

Sarleinsbach wiederum bietet dem Besucher nicht nur eines der schönsten noch erhaltenen Ortsbilder, sondern auch ein nicht minder bemerkenswertes Gotteshaus: Die Peterskirche weist mit ihrem Netzrippengewölbe in die Zeit der Gotik, mit ihren von Martino Altomonte und Johann Philipp Ruckerbauer ausgestalteten Altarbildern in die Zeit des Hochbarock zurück.

Die Veitskirche zu *Lasberg* wiederum zeigt Johann

Altenburg. Blick in die Filialkirche Zum hl. Bartholomäus (urk. um 1250)

Unterweißenbach. Gotisches Kreuzrippengewölbe (Ende 14. Jh.) in der Pfarrkirche Zum hl. Nikolaus

Königswiesen. Spätgotisches Schlingrippengewölbe (um 1520) in der Pfarrkirche Mariae Himmelfahrt

Rint, den Restaurator des Kefermarkter Altars, mit einer seiner Eigenschöpfungen, einem Ölbergrelief, das in die romanisch-gotische Architektur des Gotteshauses sorgsam eingebettet ist.

Gotische Elemente finden sich auch im Sternrippengewölbe der Remigiuskirche von *Ried in der Riedmark,* in der Pfarrkirche von *Schwertberg,* im Sterngewölbe der Peter-und-Paul-Kirche von *Tragwein,* in der bereits 1292 erstmals erwähnten Pfarrkirche von *Vorderweißenbach,* in der Bartholomäuskirche von *Altenburg* bei *Perg* mit den bedeutenden Donauschul-Fresken oder in der zweischiffigen gotischen Hallenkirche von *St. Martin im Mühlkreis*

(Bezirk Rohrbach), die allerdings nach einem Brand im Jahre 1741 nach dem Vorbild der Stiftskirche von St. Florian barockisiert wurde.

Ein echtes Barockjuwel ist die zwischen *Neufelden* und *St. Peter am Wimberg* liegende Filialkirche *St. Anna am Steinbruch* mit der bemerkenswerten Anna-Selbdritt-Darstellung (16. Jahrhundert) auf dem barocken Hochaltar. Barock ist auch – neben der übrigen Einrichtung – die kleine, aber wohlgestimmte Orgel aus dem Jahre 1727.

Womit sich das Mühlviertel wieder einmal als wahre Fundgrube für aufmerksame Kulturwanderer erwiesen hat.

BURGEN UND SCHLÖSSER

Schloß Klam – wo Strindberg sein „Inferno" schrieb

Daß es sich bei Schloß Klam (manchmal auch Clam geschrieben) um ein „verwunschenes Schloß" handeln muß, das fühlt man bereits, bevor man seiner ansichtig wird. Der Weg zur Burg führt nämlich durch die wildromantische Klamschlucht, die ein guter Bühnenbildner, wie sie ist, für die „Wolfsschlucht" in der Oper „Der Freischütz" übernehmen könnte. Und wie dort die Freikugeln des Jägers Samiel, so ist auch auf Schloß Klam die Alchimie zu Hause. Man findet heute noch eine eigene Alchimistenküche, in der einst August Strindberg, der hier einige Jahre seines Lebens verbrachte, herumexperimentiert hat. Seine Erfahrungen auf Schloß Klam und in der Klamschlucht hat er in einem seiner sinistersten Stücke – „Inferno" – zu Papier gebracht.

Die Burg, die unter anderem wertvolle Fresken aus dem 14. Jahrhundert sowie eine gotische Kapelle beherbergt, verfügt über ein 5000 m² großes Burgmuseum mit 500 wertvollen Exponaten von der alten Schloßapotheke bis zu Pretiosen derer von Clam-Martinic, in deren Familienbesitz die Burg seit über fünfhundert Jahren ist.

Burg Klam (urk. 1149)

Schloß Greinburg (1488–1493). Bogengänge des Renaissance-Innenhofs

Die Greinburg – über dem „Hort des Todes"

Als „Hort des Todes" bezeichnete man die Stromschnellen des Strudengaus in früheren Zeiten. Die gefährliche Donaustrecke hinter Grein hat mit ihren Stromwirbeln so manchen Schiffer das Leben gekostet. Die Greinburg, mit ihrem Renaissance-Arkadenhof gewiß eine der schönsten Burgen Oberösterreichs, stammt in ihren Grundfesten aus dem 15. Jahrhundert und ist in einzelnen Teilen heute noch Besuchern zugänglich. Dort erinnert ein „Schiffahrtsmuseum" an jene Zeit, als es noch als gefährliches Abenteuer galt, sich auf klapprigen Zillen flußabwärts einzuschiffen. Schiffertruhen und Schiffertrachten erwecken diese Zeit zu neuem Leben und beziehen nicht nur die Donau-, sondern auch die Traun-, Salzach- und Ennsschiffahrt mit ein. Daß das Museum so lebendig wirkt, verdankt es den zahlreichen Dioramen, in denen Szenen aus der Vergangenheit „naturgetreu" nachgebildet wurden. Dokumentiert ist jedoch auch der Anbruch des technischen Zeitalters in der Donauschiffahrt: anhand eines Modells der „Maria Anna", des ersten Dampfschiffes, das 1837 die Donau befuhr und die Strecke Linz–Wien mit seinem 60-PS-Motor in der damaligen „Rekordzeit" von 55 Stunden und 22 Minuten bewältigte.

Schloß Wildberg (urk. 1198). Die ehemalige Hochburg, heute Ruine, im Hintergrund

Wildberg – wo König Wenzel in Ketten lag

Die älteste Burgruine des Mühlviertels ist dafür, daß sie eine Ruine ist, noch gut in Schuß. 1360 wird „Wittverg" erstmals erwähnt – es hat absolut nichts mit dem Wörtchen „wild" zu tun, sondern stammt vom althochdeutschen Wörtchen „wite" ab, was soviel wie Holz, im übertragenen Sinn auch „Wald" bedeutet.

In Waldungen eingebettet ist diese schmucke Burg am Westhang des *Haselgrabens* in der Tat. Ihre Aufgabe war es einst, die durch den Haselgraben führende Saumstraße abzusichern und den Handelsverkehr mit Zöllen und Mauten unter Kontrolle zu bringen. Zeitweilig diente die Burg jedoch auch als Verlies: 1394 wurde hier König Wenzel IV. von Böhmen in einem Turmzimmer gefangen gehalten, das aus diesem Grund bis heute „Königszimmer" heißt.

Der Sage nach kann dieses Zimmer niemals mehr vermauert werden, da alle neuen Ziegel des Nachts – im Gedenken an den unglücklichen Monarchen – wieder aus dem Mauerwerk herausfallen.

In der erst im 16. Jahrhundert entstandenen „neuen Burg" finden, gewissermaßen im Schatten mittelalterlicher Ritterromantik, jeden Sommer Kammerkonzerte und andere kulturelle Veranstaltungen statt.

50

Neuhaus – die „Kassa" der Schaunberger

Da Schaunberg – Oberösterreichs einst gewaltigste Festung – zu weit landeinwärts lag, sahen sich die Schaunberger schon bald nach einem Vorposten um, mit Hilfe dessen sie das Geschehen am Donaustrom unmittelbar kontrollieren konnten. Ihre Wahl fiel auf Neuhaus, das mit seinen vier Meter dicken Sockelmauern im fünfeckigen Grundriß noch heute majestätisch über der Donau thront. Die Burg war „Mautkassa", strategischer Vorposten und Kontrollinstrument zugleich und diente den Schaunbergern, denen von Herzog Albrecht I. von Österreich die Donauwacht übertragen worden war, als unbestechlicher „Lug-ins-Land", von dem aus man jede mögliche Feindbewegung schon von weitem zu erkennen vermochte.

Die heute noch recht eindrucksvolle Burganlage wurde von Domenico d'Allio, dem Erbauer des Grazer Landhauses, um die Mitte des 16. Jahrhunderts neu errichtet. Von der alten gotischen Anlage sind jedoch noch ein Wasserspeier sowie einige Kragsteine und Kleeblattbogen erhalten.

Während der oberösterreichischen Bauernkriege in den zwanziger Jahren des 17. Jahrhunderts wurde Neuhaus von den Aufständischen eingenommen, die von hier aus eine Kette über die Donau legten. Da die mittelalterliche Wehrtechnik nach dem Dreißigjährigen Krieg jedoch überholt gewesen war, erlitt die alte „Veste" das Schicksal vieler Burgen: Man trug die Wehranlagen ab und baute die Burg zu einer Art Lustschloß um, das sie bis heute geblieben ist.

Schloß Neuhaus (urk. 1282) mit gotischem Bergfried und Hauptflügel (Ende 16. Jh.)

Schloß Rannariedl (urk. 1268)

Rannariedl – „sagenhaft" schön

Wenn der Schiffsreisende das Kloster Engelszell am rechten Donauufer hinter sich gelassen hat, harrt, eingebettet in den bewaldeten Steilabfall des Granitlands, die Burg Rannariedl eingehenderer Betrachtung – ein besonders sagenumwobenes Exemplar ihrer Gattung. Kaum eine Donausagensammlung kommt ohne die rührende Geschichte von jener treuen Magd aus, die den kleinen Sohn des Burgherrn in einem Kahn aus dem Belagerungsgetümmel rettet und dabei selbst von einem Pfeil durchbohrt wird. Der Junge wächst gesund heran – und übt später furchtbare Rache an seinen Feinden.

Trotz solch unzweifelhaft zu Herzen gehender Episoden nimmt sich die Schloßgeschichte jedoch in Wahrheit relativ harmlos aus. Über die Geschichte der 1268 von einem passauischen Ministerialen erbauten Burg, die bis heute ein beliebtes, wenn auch im Inneren leider nicht zu besichtigendes Wanderziel geblieben ist, vermerkt Laurin Luchners österreichische Schlössertopographie lapidar: „Besondere kriegerische Ereignisse um Rannariedl sind nicht bekannt geworden."

Umso stürmischer verlief indessen die Geschichte der in Sichtweite von Rannariedl gelegenen Burg *Marsbach,* aus der, wenn man alten Chroniken Glauben schenken darf, zur Zeit der Bauernkriege die Leichen dutzendweise vom Bergfried herab in die Donau geworfen wurden.

Das Mühlviertel – ein Burgenland

Das soll keine versteckte Anspielung darauf sein, daß die meisten Mühlviertler-Witze nichts anderes als verballhornte Burgenländerwitze sind. Es läßt sich nämlich ganz seriös beweisen, daß das Mühlviertel ein Burgenland ist. Von allen oberösterreichischen Vierteln verfügt es nämlich über die mit

Burgruine Waxenberg (12. Jh.)

Abstand meisten und schönsten Burgen und Schlösser. Die meisten davon sind leider zu Ruinen verfallen, wie etwa *Waxenberg,* das bis heute als ein Wahrzeichen des Mühlviertels gilt und einst als eine der machtvollsten Schloßanlagen der Region das Land weithin überragte. Den Söller der weitgehend verfallenen Burg kann man jedoch noch heute auf Treppen und Leitern erreichen und aus 30 Metern Höhe – wie einst die Burgfräuleins – weit ins Land blicken. Erhalten geblieben ist hingegen die von den Kuenringern gegründete Burg *Schwertberg,* die 1563 durch Anton Canevale zu einem schmucken Renaissance-Schloß umgebaut wurde und seit 1911 im Besitz der Familie Hoyos ist. Einer der bemerkenswertesten Schloßbauten ist auch *Weinberg* bei Kefermarkt, dessen Schloßapotheke im Linzer Schloßmuseum zu sehen ist, und das mit Ritter- und Kaisersaal sowie „La-Fontaine-Zimmer" und einem 45 m tiefen Ziehbrunnen (der angeblich von unterirdischem Moldauwasser gespeist wird) zu den prunkvollsten – aber auch strategisch wichtigsten – Burgen des Mühlviertels zählt.

Die Wölfe, die die Schloßherren früher zum Schutz gegen ungebetene Besitzer im „Halsgraben" zu halten pflegten, sind nicht nur in Weinberg, sondern im ganzen Mühlviertel ausgestorben.

Wasserschloß Schwertberg (urk. 1287) an der Aist

Oben: Schloß Weinberg (urk. 1305)
Links unten: Schloß Marsbach (urk. 1198) am Steilufer der Donau
Rechts unten: Burgruine Ruttenstein (urk. 1281). Blick auf einen der sieben Rundtürme

WÄLDER, WILDPARKS, WANDERWEGE

Der älteste Wanderweg Österreichs

Von allen markierten Weitwanderwegen in Österreich ist der *Nordwaldkammweg* gewiß der älteste –
und ebenso gewiß einer der schönsten. Die 140 km
zwischen Dreisesselberg und Nebelstein lassen sich
– je nach individueller Kondition und Besichtigungs-
programm – in sieben bis zehn Tagen zurücklegen.
Dabei folgt man den Spuren von Adalbert Stifters
berühmten Erzählungen wie „Hochwald" und
„Witiko" und wandert über *Schöneben, Oberhaag* bei
*Aigen-Schlägl, Haslach, Bad Leonfelden, Schenkenfel-
den, Freistadt* und *Sandl* (wo man in den Rosenhof-
Teichen auch Badefreuden frönen kann) hinüber ins
niederösterreichische *Karlstift.* Der Weg führt vorbei an barocken Kirchen, gotischen Flügelaltären,
alten Bauernhöfen, gemütlichen Landgasthäusern
sowie zahllosen Marterln und Wegkreuzen. Man
durchquert endlos lange Waldstrecken und wandert
dann wiederum stundenlang über Felder und offe-
nes Land. Unterkünfte, in denen sich auch Bekannt-
schaft mit Land und Leuten schließen läßt, findet
man im gastfreundlichen Mühlviertel überall – und
noch immer relativ preiswert.

Entlang des Schwarzenbergschen Schwemm-
kanals

Wanderziel und Kuriosität zugleich ist der Schwarzenbergsche Schwemmkanal, auf dessen Spuren
man bei der kleinen Ortschaft *Sonnenwald*, unmittelbar an der tschechischen Grenze, wandeln kann.
Der Kanal gilt bis heute als eine Pionierleistung in
der österreichischen Forstgeschichte. Er wurde
gegen Ende des 18. Jahrhunderts als „Wasserstraße"
zwischen Moldau und Großer Mühl angelegt, um das
in den böhmischen Wäldern geschlägerte Holz zur
Donau hinabfluten zu können. Und in der Tat wurden einst bis zu 25.000 Klafter jährlich flußabwärts
bis nach Wien geschwemmt. Heute ist der Kanal nur
noch als kleines Rinnsal erkennbar, dessen Wasser-
lauf man in einer vom Hochwald gesäumten Landschaft sieben Kilometer lang auf einem hübschen
Wanderweg folgen kann.

Unten: Der Schwarzenbergsche Schwemmkanal
Gegenüberliegende Seite: Landschaft bei Liebenau im nördlichen Mühlviertel

Altenfelden – Känguruhs im Mühltal

Die Mühl gräbt sich tief unten ins Granitgestein. Und oben, auf locker bewaldeten Hügeln, zwischen Baumgruppen und kleinen Wäldchen, grasen die Bisons und Känguruhs sowie zahlreiche andere Tierarten, die man in allen Gegenden der Welt suchen würde, bloß nicht im Mühlviertel. Doch auch einheimische Tiere sind hier ansässig. Allein 23 Hirscharten lassen sich hier in freier Wildbahn beim Äsen beobachten. Man erspäht Luchse und Fischotter an den Wasserläufen. Und kleine Besucher können im Streichelzoo gefahrlos ihre ersten Freundschaften mit der Tierwelt schließen.

Mit mehr als 1000 Tieren ist der Wildpark Altenfelden nicht nur eine wunderbare Möglichkeit, sich im Spazierengehen die Fauna dieser Welt zu erschließen, sondern vor allem auch ein beliebtes Wanderziel, ist der Park doch weitläufig genug, daß man ohne weiteres einen kleinen „Familienwandertag" organisieren kann. Einer der Wege führt durch die Bilderbuchkulisse der Rabensteinklamm. Und man geht – wenn man sich nicht allzulang bei den Tieren aufhält – zumindest anderthalb Stunden.

Im Schenkenfeldner Märchenwald

Schenkenfelden ist eine hübsche Tausend-Seelen-Gemeinde in der Riedmark und erweist sich alleine schon deshalb als besonders gastfreundlich, weil es einen Schankkrug im Wappen führt. Es verfügt auch über einige kleine Kulturdenkmäler, wird jedoch von den meisten Besuchern aus einem ganz anderen Grunde geschätzt: Der *Erholungswald Thierberg* ist ein besonders beliebtes Wandergebiet und – seit es dort auch einen Märchenwald gibt – ein echtes Kinderparadies. Der „Märchenwanderweg" folgt dem Nordwaldkammweg ein Stück und führt an lebensgroßen Figurengruppen aller bekannten Märchen vorbei. Und damit's wirklich ein „märchenhafter" Ausflug wird, ist auch für Rastplätze gesorgt.

Im Tannermoor – wo der wilde Knoblauch blüht

Wer würde wohl mitten im Granitland eine feuchte Moorlandschaft vermuten. Das Tannermoor bei *Liebenau* beweist, daß im Mühlviertel selbst das möglich ist. Gutes Schuhwerk vorausgesetzt, läßt sich entlang des Moorlehrpfades, der am *Rubner Teich* beginnt, allerlei naturkundliches Anschauungsmaterial in freier Natur sammeln. Das beginnt bei der bräunlich-rostigen Farbe des Tanner Bachls, das als typisches Moorwasser gelten darf. Und dann findet man selbstverständlich auch die charakteristische Flora, in der es nach wildem Knoblauch duftet, wo man aber auch weitläufige Heidel- und Preiselbeerhänge findet.

Bald hat man die *Donnerau* erreicht, mit 122 Hektar Moorfläche eines der größten kontinentalen Waldhochmoore Europas. Meterhohe Torfschichten, seltsame Blockbildungen aus Weinsberger Granit und zwei Hochstände, von denen aus man die gesamte Moorlandschaft überblicken kann, machen eine „Moorwanderung" zu einem – auch ohne Moorleichen – aufregenden Erlebnis.

Das Tannermoor

Bauer auf einem Feld bei Dürnau nördlich des Sternsteins

LAND UND LEUTE

Oberösterreichs Ostfriesen

Gewiß – es wird mitunter von Traun-, Hausruck- und Innviertlern ein wenig über ihre nördlichen Landsleute gewitzelt. Doch diejenigen, die Mühlviertlerwitze am liebsten und besten erzählen, sind nach wie vor die Mühlviertler selbst. Denn es steckt ein guter Schuß Selbstironie in diesem – nur auf den ersten Blick vielleicht etwas wortkargen, knorrigen und zurückhaltenden – Menschenschlag.

Wenn es einen „Mühlviertler Charakter" überhaupt gibt, so ist er gewiß das Produkt der Geschichte dieser Region. Die Mühlviertler waren – dank der geologischen Beschaffenheit ihrer Scholle – stets dazu verurteilt, die „armen Vettern" zu sein. Keine Korn-

Bauersleute bei St. Georgen am Walde

Bauernhof an der österreichisch-tschechischen Grenze zwischen Schönegg und Afiesl

kammer brachte ihnen Reichtum ein, keine fruchtbaren Böden boten sich zur üppigen Bewirtschaftung an. Und dennoch gab es vieles, was den Mühlviertler stolz machen konnte: der Reiz des Hochwalds, die Schönheit der alten Marktplätze, der kulturelle Reichtum der unzähligen Marktflecken.

So ist der Mühlviertler niemals überheblich geworden – und hat sich sein Selbstwertgefühl bis heute bewahrt. Darum stört es ihn auch nicht, wenn man gelegentlich über ihn lacht. Weil er über sich auch selbst lachen kann.

Freistadt. Spätgotische Tür des Dechanthofes

Wolfablassen und Böllerschießen

Als bäuerliche Region konnte sich das Mühlviertel bis heute noch viel von seinem alten Brauchtum lebendig erhalten. In den letzten Jahren sind zwar einerseits viele Bauern als Industriearbeiter in die Zentren des Landes abgewandert und Industriearbeiter geworden, was auch einen gewissen Brauchtumsaderlaß bewirkte. Andererseits hat die geographische Geschlossenheit der Region bewirkt, daß so mancher Brauch hier noch echter und unauslöschlicher fortlebt als anderswo. Vor allem ist das Mühlviertel touristisch so unerschlossen, daß Bräuche hier noch deswegen hochgehalten werden, weil man sie tatsächlich „braucht", und nicht, weil sie sich als fremdenverkehrs- und damit als devisenträchtig erwiesen haben.

Einen besonders ausgefallenen Brauch pflegt man etwa heute noch in *Klaffer,* wo an jedem 10. November „der Wolf abgelassen" wird. Mit selbstgebastel-

ten Rasseln und anderem dröhnendem Gerät ziehen die Kinder durch den Ort, um symbolisch die Wölfe zu vertreiben, die noch um die Jahrhundertwende im Böhmerwald recht häufig anzutreffen waren.

Natürlich gelten auch die Mühlviertler – wie alle Oberösterreicher – als „Krawallschuster" und lassen es sich kaum nehmen, große Festtage vom Kirtag über die Hochzeit bis zum Feuerwehrball mit einem gehörigen Böllerschießen zu beginnen und sich damit in der Bevölkerung buchstäblich den nötigen (mitunter gar nicht ungefährlichen) „Widerhall" zu verschaffen.

Viele Bräuche verdanken ihr Fortleben auch alten heidnischen Überlieferungen. So ist es etwa im Mühlviertel nicht nur gebräuchlich, zu Sonnwend den „Sunnawendhansl" zu verbrennen, sondern auch bereits am Vorabend „Geißelschnalzen" zu gehen. Burschen, die dabei aus dem Takt geraten, werden am Morgen darauf strafweise durch den Tau gezogen und das ganze Jahr „Tauwascher" genannt. Lautstark geht es auch in den Mühlviertler Rauhnächten zu. In *Nebelberg* etwa hält sich bis heute der Brauch des „Rauhnacht-Verschreiens", bei dem die Handwerker des Ortes durch die Gassen ziehen, um die bösen Geister zu vertreiben und einander Glück zu wünschen.

Unten: „Heilige Familie". Sandler Hinterglasbild (um 1800) Gegenüberliegende Seite: Mühlviertler Vierkanthof südlich von Freistadt

Gebackene Mühlviertler Speckknödel aus einem Gasthaus auf der Eidenberger Alm

Erdäpfel – eines der Grundnahrungsmittel des Mühlviertels

G'selchts, Kraut und Knödel

In einer alten Chronik des Stiftes Schlägl läßt sich nachlesen, wie die Bauernkost um 1831 beschaffen war: Zum Frühstück gab es Milchsuppe, montags Nudeln, dienstags Krapfen, mittwochs „Germschedl", Donnerstag und Sonntag mittags G'selchtes mit Kraut und Knödel, freitags Schmalzknödel und samstags geschnittene Nudeln. Am Abend wurde abermals Milchsuppe serviert, Kraut und Erdäpfel standen ebenfalls reichlich zur Verfügung. An Festtagen hingegen kamen Schweinsbraten, Krenfleisch, gekochtes Rindfleisch und Semmelkren auf den Tisch.

Die neue leichte Küche hat in Oberösterreich ganz bestimmt keine Tradition. Dafür wurde im Mühlviertel viel zu hart gearbeitet. Und die Kalorien, die dabei verbrannt wurden, wollten durch eine deftige und kräftige Kost wieder ersetzt sein.

Seinen kulinarischen Einfallsreichtum tobt der Mühlviertler daher vor allem bei den Knödel aus, die er in ungezählten Varianten zuzubereiten weiß: als „G'hackknödel", Mehlknödel, Grießknödel, Reiberknödel, Erdäpfelknödel, „z'sammg'legte Knödel", Speckknödel, gebackene Speckknödel, Bratknödel oder Obstknödel.

Da man im Mühlviertel heute noch mehrere kleinere Privatbrauereien findet (früher waren es freilich unvergleichlich mehr), wird zu den Mahlzeiten gerne Bier getrunken. Auch hat fast jeder Bauernhof irgendwo ein Fäßchen selbstgepreßten Mosts lagern. Vor allem jedoch ist das Mühlviertel ein Land selbstgebrannter Schnäpse, denn der harte Granitboden, so sagt man, tut allem Hochprozentigem gut. Weshalb ein „Korn" oder „Obstler" aus dieser Region von Kennern längst auch außerhalb des Mühlviertels sehr geschätzt wird.

Essen und Trinken ist im Mühlviertel, das gewiß niemals eine Luxusküche hervorgebracht hat, ein erdverbundenes, sinnliches Vergnügen. Und es ist daher kein Zufall, daß gerade hier im Mühlviertel das alte Sprichwort geprägt wurde: „Essen und Trinken halt Leib und Seel' z'samm!"

DAS MÜHLVIERTEL AUF EINEN BLICK

1. Sehenswerte Stadt- und Ortsbilder
Alberndorf in der Riedmark, Altenberg, Altenfelden, Bad Kreuzen, Bad Leonfelden, Bad Zell, Engerwitzdorf, Feldkirchen, Freistadt, Gallneukirchen, Gramastetten, Grein, Gutau, Haslach, Hellmonsödt, Hofkirchen, Kefermarkt, Kirchschlag, Königswiesen, Lasberg, Liebenau, Mauthausen, Naarn, Neufelden, Neumarkt, Oberkappel, Oberneukirchen, Ottensheim, Pabneukirchen, Perg, Pregarten, Puchenau, Reichenthal, Rohrbach, Sandl, St. Georgen am Walde, St. Georgen an der Gusen, St. Martin, St. Oswald bei Freistadt, St. Oswald bei Haslach, St. Stefan am Walde, St. Thomas am Blasenstein, Sarleinsbach, Schenkenfelden, Schlägl, Schwertberg, Steyregg, Tragwein, Ulrichsberg, Unterweißenbach, Vorderweißenbach, Waldhausen, Wartberg ob der Aist, Windhaag bei Freistadt, Zwettl an der Rodl

2. Kirchen und Klöster
Ägydikirchlein bei Engerwitzdorf, Altenburg bei Perg, Baumgartenberg, Freistadt (Pfarrkirche), Kefermarkt, Königswiesen, Rohrbach (Pfarrkirche), St. Anna im Steinbruch, St. Leonhard im Pesenbachtal, St. Michael ob Rauchenödt, St. Wolfgang am Stein, Schlägl, Waldburg, Waldhausen

3. Burgen und Schlösser
Stadtburg Freistadt, Greinburg, Klam, Marsbach, Neuhaus, Rannariedl, Schwertberg, Steyregg, Waxenberg, Weinberg, Wildberg

4. Wildparks und Naturdenkmäler
Kerzenstein im Pesenbachtal, Klamschlucht bei Grein, Märchenwald Schenkenfelden, Schwarzenbergscher Schwemmkanal, Stillensteinklamm bei Grein, Tannermoor, Wildpark Altenfelden

5. Kurorte und Luftkurorte
Bad Kreuzen, Bad Leonfelden, Bad Mühllacken, Bad Zell, Kirchschlag

6. Bademöglichkeiten
Klaffer Teiche, Neufeldener See (Mühl-Stausee), Rannastausee, Rosenhof-Teiche bei Sandl, zahlreiche Freibäder in den meisten Orten, Wildbadeplätze an den größeren Flüssen

7. Schigebiete
Schiregion Holzschlag-Hochficht (bei Ulrichsberg), Schiregion Sternstein (bei Bad Leonfelden), zahlreiche Langlaufloipen in nahezu allen Regionen

8. Die wichtigsten Museen
Mühlviertler Heimathaus in Freistadt, Schiffahrtsmuseum Grein, Färbermuseum Gutau, Webereimuseum Haslach, Freilichtmuseum Pelmberg in Hellmonsödt, Freilichtmuseum „Hofwies", Burgmuseum Klam, Mahn- und Gedenkstätte Mauthausen, Stiftsmuseum Schlägl

9. Sommerfestspiele
Schlägler Stiftskonzerte, Schloß Wildberger Kultursommer, Sommerspiele Grein